개정신판

혼자배우는 中國語

서명제 저

정진출판사

머리말

중국의 병법가이자 사상가였던 孫子가 남긴 '知彼知己, 百戰百勝(적의 형편과 나의 힘을 알면 싸울 때마다 이긴다)'라는 유명한 한마디는 지금까지도 人口에 膾炙되고 있습니다. 개인과 개인, 국가와 국가간의 경쟁이 갈수록 치열해지는 오늘날, 국제화시대를 살아가는 우리들로서는 孫子의 이 한마디가 더욱 절실하게 다가올 수밖에 없습니다.

국제사회의 치열한 경쟁에서 승리자가 되기 위한 도구로서의 외국어 능력은 아무리 강조하여도 결코 지나침이 없을 것입니다. 모국어와 자국문화에 대한 정확한 지식이 '知己'의 조건이라면, 외국어와 외국문화에 대한 지식습득은 '知彼'의 첩경일 것입니다. 이 땅의 모든 분들이 '知己'와 '知彼'의 과정을 통한 '百戰百勝'의 단 열매를 맛보게 되기를 기원하면서 『혼자배우는 중국어』를 내놓게 되었습니다.

이 책은 중국어의 기초과정인 발음부터 시작, 간단한 어휘를 공부하고 점차 기본적인 문장을 습득함으로써 중국어의 특성을 이해하고, 독자적인 응용까지 가능하도록 꾸며져 있습니다. 이 책은 모두 25과로 이루어져 있으며, 한 과는 본문과 새 단어, 어법설명, 간단한 회화, 실용단문 및 연습문제의 순으로 배열되어 있습니다.

이밖에 부록에서는 기본용법, 기본 회화 용어, 비슷한 말과 반대말, 단어 의미 비교, 겸류사 등을 수록, 독자의 중국어 전반에 대한 이해를 돕고자 정성을 기울였습니다. 또 권말에는 본문의 새 단어를 한어병음 로마자 순으로 배열해 놓았기 때문에 모르는 단어를 확인해 볼 때 매우 유용하리라 믿습니다.
　『혼자배우는 중국어』이 책 한 권을 끝까지 숙독하고 부지런히 복습한다면 중국어회화라는 거봉의 팔부능선쯤은 무난히 도달할 수 있다는 자신감을 가져도 좋을 것이라 감히 자부합니다. 뿐만 아니라 이 책을 마스터한 후 막힘없는 회화에 스스로도 놀라게 될 것입니다.
　한 가지 독자 여러분께 당부드리고 싶은 것은 이 책에 한글로 병기된 각 단어의 발음은 단지 참고로만 활용하시고 정확한 발음은 카세트 테이프에 녹음된 중국 현지인의 발음을 따라하면서 습득하시기를 바랍니다.
　독자 여러분의 건투를 빕니다.

저자　서명제

차 례

발음편

1. 중국어의 특성 — 12

1. 단음절성(單音節性)/12
2. 고립성(孤立性)/13
3. 성조(聲調)/13
4. 방언(方言)/14

2. 중국어의 발음부호와 읽는 법 — 15

1. 자음(子音)/16
2. 모음(母音)/19
3. 결합모음(結合母音)/21

3. 성조(聲調)와 성조의 변화 — 22

1. 제1성/23
2. 제2성/23
3. 제3성/23
4. 제4성/23
5. 반3성/23
6. 경성(輕聲)/24

실제편

1. 인칭 및 지시대명사 -------------------- 26
　　我, 你, 他, 谁, 这, 那 등

2. 我是韩国人。 ---------------------- 31
　　나는 한국 사람입니다.
　　● A是B 「A는 B이다」

3. 春天暖和。 ----------------------- 35
　　봄은 따뜻합니다.
　　● 주어+술어(형용사) 「~는 …하다」

4. 我看。 -------------------------- 39
　　나는 봅니다.
　　● 주어+술어(동사) 「~는 …한다」

5. 他喝酒。 ------------------------ 43
　　그는 술을 마십니다.
　　● 주어+술어(동사)+목적어 「~는 …을 한다」

6. 我不是日本人。 -------------------- 47
　　나는 일본 사람이 아닙니다.
　　● 주어+不+是[형용사/동사]
　　　「~는 …이 아니다[하지 않다/하지 않는다]」

7. 他没上班。 ----------------------- 51
　　그는 출근하지 않았습니다.
　　● 주어+没+형용사[동사] 「~는 …하지 않았다」

8. 你吃饭了吗? -------------------- 55

식사하셨습니까?
- 형용사술어문＋了「～됐다(상태의 변화)」
- 동사술어문＋了「～했다(동작 또는 상황의 완료)」
- 술어문＋吗「～니까?(의문)」

9. 这个是不是你的? ------------------ 60

이것은 당신 것입니까, 아닙니까?
- A＋是不是＋B「A는 B입니까, 아닙니까?」
  - 주어＋형용사 긍정부정
  - 주어＋동사 긍정부정

10. 他很瘦。---------------------- 66

그는 매우 말랐습니다.
- 주어＋부사＋형용사

11. 我会说中国话。------------------ 70

나는 중국어를 할 줄 압니다.
- 주어＋조동사＋동사＋목적어
- 주어＋부사＋조동사＋동사＋목적어

12. 他在中国。--------------------- 74

그는 중국에 있습니다.
- 주어＋在＋장소「주어는 ～에 있다」
- 주어＋在＋장소＋동사술어「주어는 ～에서 …를 한다」
- 在＋동사「어떤 동작을 하고 있다(진행)」

13. 他有汽车。--------------------- 79

그는 자동차가 있습니다.
- 주어＋有＋소유사물「～을 소유하고 있다」
- 주어＋在＋장소「～에 있다」

14. 你比他高吗? ----------------------- 83
당신은 (키가) 그보다 큽니까?
- A 比 B ~「A는 B보다 ~하다」
- A 跟 B 一样 ~「A는 B와 똑같이 ~하다」

15. 你在干什么? ----------------------- 88
당신은 무엇을 하고 계십니까?
- 在+동사(진행)
- 동사+着(지속)
- 동사+着+동사술어(지속 상태에서 또 다른 동작을 행함)

16. 总经理叫你去的吗? ------------------ 94
사장님이 당신에게 가라고 했습니까?
- 사역문
  - 주어+사역사+행동자[물]+동사술어
  「~으로 하여금 …하도록 하다」
- 피동문
  - 주어+피동사+행동자[물]+동사술어「~에게 …당하다」

17. 一个星期有几天? -------------------- 99
일주일에는 몇 일이 있습니까?
- 수의 단위
  零, 个, 十, 百, 千, 万, 亿, 兆

18. 你有几枝笔? ----------------------- 112
당신은 펜이 몇 자루 있습니까?
- 명양사(名量詞) : 수사+양사+명사
- 동양사(動量詞) : 동사+수사+양사

19. 我不是中国人，是韩国人。------------------- 119

나는 중국 사람이 아니라 한국 사람입니다.
- 不是 ~ 是「~이 아니라 …이다」
- 又 ~ 又「~이기도 하고, …이기도 하다」

20. 他喝酒喝得多吗？------------------- 125

그는 술을 많이 마십니까?
- 정도보어
  - 긍   정 : 동사＋得＋보어(정도를 나타낼 수 있는 형용사 등)
  - 부   정 : 동사＋得＋不＋보어
  - 긍정부정 : 동사＋得＋(보어＋不＋보어)

21. 我昨天看见他了。------------------- 131

나는 어제 그를 보았습니다.
- 결과보어
  - 동사＋보어(결과를 나타낼 수 있는 동사나 형용사)

22. 请大家站起来。------------------- 137

모두들 일어서 주십시오.
- 방향보어
  - 단순 방향보어 : 동사＋보어(来・去)
  - 단순 방향보어 : 동사＋보어(起来・上来 등)

23. 你吃得完吗？------------------- 143

당신은 다 먹을 수 있습니까?
- 가능보어
  - 긍   정 : 동사＋得＋보어(결과보어 등)
  - 부   정 : 동사＋不＋보어
  - 긍정부정 : (동사＋得＋보어)＋(동사＋不＋보어)

24. 金先生一天工作几小时? ----------- 148
김 선생은 하루에 일을 몇 시간 합니까?
● 시간보어
- 동사+시간보어
- 동사+목적어+같은 동사 반복+시간보어
- 동사+시간보어+(的)+목적어

25. 快把电视打开。 -------------- 154
빨리 텔레비전을 켜세요.
● 처치식(處置式)
把+목적어+동사술어「~을 …하다」

부 록

1. 기본용법/160
2. 기본 회화 용어/171
3. 비슷한 말과 반대말/176
4. 단어 의미 비교/183
5. 겸류사(兼類詞)/189
6. 儿化韵과 파음자/206
7. 친족 호칭표/213

- 간체자 정리/215
- 본문 단어 정리/229

발음편

이 책에서는
초보자들이 배우기 쉽게
한어병음이라 불리는
로마자에 의한 발음표기 외에
우리말로도 발음표기를 해놓았다.
하지만 우리말로 중국어의 정확한
발음을 표기하기란 불가능한 일이다.
될 수 있으면 이 책에 따른
카세트 테이프를 통해 정확한 발음을
익히도록 하자.

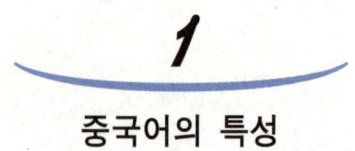

중국어의 특성

중국에는 한민족(漢民族) 외에 55여 개의 소수민족이 생활하고 있다. 한민족은 12억에 이르는 중국 총인구의 94%를 차지하고 있다. 중국어에서는 중국어를 한민족의 언어라는 뜻으로 '漢語[Hànyǔ]'라고 한다. 한어(漢語) 외에 '中國話[Zhōngguóhuà]' '中文[Zhōngwén]'이라고도 하지만, 엄밀히 말하면 '漢語'가 가장 알맞는 말이다. 한어는 세계에서 사용 인구가 가장 많은 언어로 국가간에 공용어로 쓰고 있다.

중국어의 특성은 일반적으로 다음 4가지로 설명된다.

중국어의 특성 1
• 하나의 글자가 하나의 낱말이 된다.

1 단음절성(單音節性)

중국어를 표기하는 한자는 한 개의 글자가 하나의 음절 [一字一音]로 되어 있으며 또 글자마다 의미를 지닌다. 다시 말해서 글자 하나가 하나의 낱말이 되는데 이를 단음절사(單音節詞)라고 한다.

  花 [huā 화]
  山 [shān 샨]
  天 [tiān 티엔]

그러나 현대 중국어에서는 '桌子(탁자)' '电话(전화)' 등과 같이 점차 다음절화(多音節化)되는 추세에 있다. 하지만 아직도 다른 언어에 비하면 단음절성이 두드러진다고 할 수 있다.

2 고립성(孤立性)

중국어는 우리말이나 영어와는 달리 인칭과 시제에 따라 한자 자체에 변화를 일으키는 일이 없다. 즉, 영어의 'go'는 주어가 바뀜에 따라 'go, goes'로, 시제에 따라 'go, went, goen'으로 모양이 변화된다. 또 우리말의 '가다'도 '가니, 가고, 가서, 가면' 등으로 어미가 활용된다. 그러나 중국어는 주어나 시제에 관계없이 언제나 '去'라는 한 글자로 사용된다. 또 중국어에는 '~은, ~는, ~을, ~를'과 같은 조사가 없으며, 다만 어순(語順)에 의해서 문법적인 관계를 나타낸다.

> **중국어의 특성 2**
> • 인칭과 시제에 따라 한자 자체에 변화를 일으키는 일이 없다.

3 성조(聲調)

중국어는 단음절 원칙 이외에도 글자마다 고유의 성조를 지니고 있다. 똑같은 음절이라도 소리의 높낮이와 장단에 따라 의미가 달라진다. 현대 중국어에서는 성조를 크게 4가지, 즉 제1성·제2성·제3성·제4성으로 나뉘는데, 이것을 사성(四聲)이라고 한다.

> **중국어의 특성 3**
> • 글자마다 고유의 성조를 지니고 있으며, 같은 글자라도 성조에 따라 의미가 달라진다.

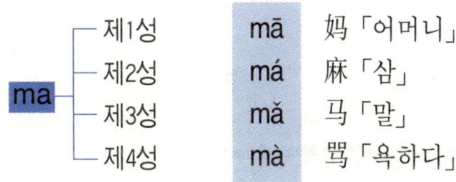

위와 같이 성조는 같은 음절에 작용하여 뜻의 차이를 주고 있다. 성조는 뒤에서 더욱 자세히 다루겠지만 중국어 학습에 있어서 절대로 소홀히 다루어서는 안될 중요한 요소이다.

중국어의 특성 4
• 북방 방언을 기초로 한 북경어를 표준어로 삼고 있다.

4 방언(方言)

한어(漢語)에는 방언이 많은데 크게 나누어 7개의 방언으로 분류된다. 그중에서 가장 많이 쓰이고 있는 것이 '북경어(北京語)'와 '광동어(廣東語)'인데, 두 사람의 중국인이 서로서로 북경어와 광동어로 말한다면, 상호간에 완전하게 뜻을 전달할 수가 없다. 그래서 오늘날에는 '普通話[pǔtōnghuà]'라고 불리는 공통의 언어가 사용되고 있다. 공통어[普通話]는 북방 방언을 기초로 하고, 북경어의 발음을 표준음으로 하고 있다. 우리가 배우게 될 중국어도 이 普通話이다.

2
중국어의 발음부호와 읽는 법

중국어는 표의문자(表意文字)이기 때문에 글자만을 보아서는 그 발음이 어떤지를 알 수 없다. 따라서 중국에서는 예로부터 발음을 표시하는 방법을 여러 가지로 고안해서 써 왔다. 그중에서도 대표적인 것으로는 한어병음법과 주음부호가 있는데 오늘날에 가장 많이 쓰고 있는 것은 한어병음법이다. 한어병음법은 한자의 발음을 로마자로 음을 달고 그 위에 사성부호를 덧붙이는 방식이다.

중국어의 발음 표시법
- 한자의 발음을 로마자로 음을 달고 그 위에 사성부호를 덧붙이는 방식인 한어병음법을 사용한다.

자 음				모 음	
한어병음	읽기	한어병음	읽기	한어병음	읽기
b	뽀어	sh	스	a	아
p	포어	r	르	o	오
m	모어	z	쯔	e	어
f	포어	c	츠	ê	에
d	뜨어	s	쓰	ai	아이
t	트어			ei	에이
n	느어			ao	아오
l	러어			ou	오우
g	끄어			an	안
k	크어			en	언
h	흐어			ang	앙
j	지			eng	엉
q	치			er	얼
x	시			yi	이
zh	즈			wu	우
ch	츠			yu	유이

[주요 표음방법의 자모(字母) 대조표]

주음부호는 한자의 형(形)을 부호화해서 만든 것으로, 현재 대만에서 사용하고 있으나, 이 책에서는 중국 본토의 한어병음법으로 표기했다.

중국어는 또한 한자 하나의 발음이 반드시 하나만 있지 않다. 우리말의 快樂(쾌락), 音樂(음악)의 樂(락, 악)과 같이 중국어로도 快乐은 kuàilè, 音乐은 yīnyuè이다.

중국어의 발음은 크게 자음(성모라고도 함)과 모음(운모라고도 함)으로 이루어져 있다.

자음
• 성모라고도 한다. 음절은 자음과 모음으로 이루어져 있는데, 자음은 음절의 앞부분을 이룬다.

1 자음(子音)

b [ㅃ]	p [ㅍ]	m [ㅁ]	f [ㅍ]
d [ㄸ]	t [ㅌ]	n [ㄴ]	l [ㄹ]
g [ㄱ]	k [ㅋ]	h [ㅎ]	
j [ㅈ]	q [ㅊ]	x [ㅅ]	
zh [ㅈ]	ch [ㅊ]	sh [ㅅ]	r [ㄹ]
z [ㅉ]	c [ㅊ]	s [ㅆ]	

위에서 소개한 자음 중 zh, ch, sh, r, z, c, s를 제외하고는 단음으로, 즉 독립적으로 음을 나타낼 수 없으며 반드시 모음 앞에서 첫음만 낸다.

zh, ch, sh, r, z, c, s가 독립적으로 음을 표기할 때에는 뒤에 반드시 [i]를 붙여야 한다(zhi, chi, shi, ri, ci, si). 또한 j, q, x는 모음[u]와 결합할 수 없다. 따라서 ju, qu, xu와 같은 발음은 [ü]의 두 점이 생략된 것이다.

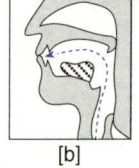
[b]

b 아래위 두 입술을 다물었다가 떼면서 우리말의 [ㅃ]음을 낸다.

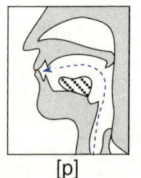
[p]

p 'b'의 발음 요령과 같으나 입김을 더 강하게 내보내면서 우리말의 [ㅍ]음을 낸다.

m 'b'의 발음요령과 같이 아래위 두 입술을 다물었다가 떼면서 우리말의 [ㅁ]음을 낸다.

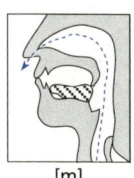
[m]

f 윗니로 아랫입술을 가볍게 갖다 대고 그 사이로 숨을 내쉬면서 마찰시켜 내는 소리로 영어의 'f'음과 같다.

d 혀끝을 윗잇몸에 붙이고 있다가 떼면서 우리말의 [ㄸ]음을 낸다.

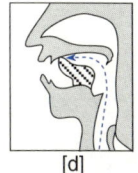
[d]

t 'd'의 발음 요령과 같으나 입김을 더 강하게 내보내면서 우리말의 [ㅌ]음을 낸다.

n 'd'의 발음 요령과 같이 혀끝을 윗잇몸에 붙이고 있다가 떼면서 우리말의 [ㄴ]음을 낸다.

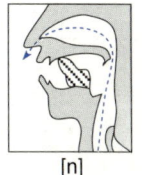
[n]

l 혀끝을 세워 윗잇몸에 붙이고 있다가 떼면서 우리말의 [ㄹ]음을 낸다.

g 혀뿌리를 올려 여린입천장에 붙였다가 떼면서 우리말의 [ㄱ]음을 낸다.

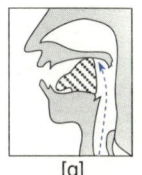
[g]

k 'g'의 발음 요령과 같으나 입김을 더 강하게 내보내면서 우리말의 [ㅋ]음을 낸다.

h 혀뿌리를 올려 여린입천장에 닿을 듯이 접근시키되 붙이지는 말고 그 사이로 숨을 내쉬면서 마찰시켜 우리말의 [ㅎ]음을 낸다.

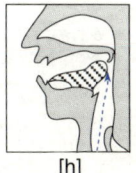
[h]

j 혓바닥을 올려 굳은입천장에 가볍게 붙였다가 살짝 떼면서 그 사이로 숨을 내쉬면서 마찰시켜 우리말의 [ㅈ]음을 낸다.

q 'j'의 발음 요령과 같으나 입김을 더 강하게 내보내면서 우리말의 [ㅊ]음을 낸다.

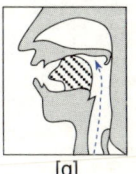
[q]

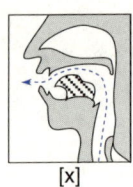

x 혓바닥을 굳은입천장에 접근시키되 붙이지는 말고 그 사이로 숨을 내쉬면서 마찰시켜 우리말의 [ㅅ]음을 낸다.

zh 혀끝을 안으로 말아올려 굳은입천장에 가볍게 닿게 한 뒤 약간만 떼면서 그 사이로 숨을 내쉬며 마찰시켜 우리말의 [즈]음을 낸다.

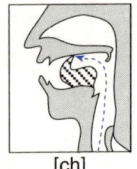

ch 'zh'의 발음 요령과 같으나 입김을 더 강하게 내보내면서 우리말의 [츠]음을 낸다.

sh 'zh'의 발음 요령과 같으나 안으로 말아올린 혀끝을 굳은입천장에 닿을듯 말듯한 상태에서 그 사이로 숨을 내쉬며 마찰시켜 우리말의 [스]음을 낸다.

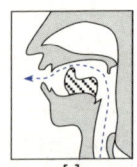

r 'sh'의 발음 요령과 같으나 성대를 울리면서 우리말의 [ㄹ]과 비슷한 음을 낸다.

z 아랫니와 윗니를 맞물고 혀끝을 앞으로 쭉 뻗쳐 윗니 안쪽에 댔다가 조금 떼면서 그 사이로 숨을 내쉬며 마찰시켜 우리말의 [쯔]음을 낸다.

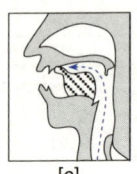

c 'z'의 발음 요령과 같으나 입김을 더 강하게 내보내면서 우리말의 [츠]음을 낸다.

s 'z'의 발음 요령과 같으나 혀끝을 윗니 안쪽에 약간 닿을듯 말듯한 상태에서 그 사이로 숨을 내쉬며 마찰시켜 우리말의 [쓰]음을 낸다.

2 모음(母音)

a [아]	o [오]	e [어]	ê [에]
ai [아이]	ei [에이]	ao [아오]	ou [오우]
an [안]	en [언]	ang [앙]	eng [엉]
er [얼]			
i [이]	u [우]	ü [유이]	

모음
- 운모라고도 하는데, 음절의 뒷부분은 모두 모음이다.

a 혀를 입바닥으로 낮게 내리고 입은 크게 벌리면서 우리말의 [아]음을 낸다.

o 입모양을 둥글게 하고 혀를 약간 올린 상태에서 우리말의 [오]와 [아]의 중간음을 낸다.

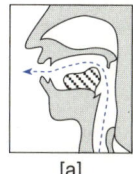
[a]

e 입을 반쯤 벌리고 혀를 뒤로 약간 끌어당긴 채 우리말의 [어]음을 낸다.

ê 우리말의 [에]와 비슷한 발음으로서 입술을 약간 더 안쪽으로 끌어당겨서 소리낸다.

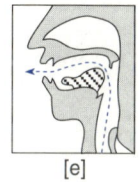
[e]

i 혀의 앞부분을 굳은입천장에 가까워지도록 높이 올리고 입은 옆으로 벌린 상태에서 우리말의 [이]음을 낸다.

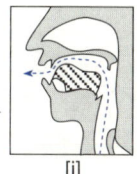
[i]

u 입술을 둥글게 오므리면서 더 앞으로 내밀고 혀뿌리는 여린입천장에 가까워진 상태에서 우리말의 [우]음을 낸다.

ü 혀의 위치는 'i'와 비슷하며 입술을 오므리고 앞으로 내밀되 약간 옆으로 벌린 듯하면서 우리말 [유]에 [이]가 약하게 붙는 듯한 음을 낸다. 이 음은 중국어에만 있는 독특한 음으로, 발음할 때 입모양이나 혀의 위치가 끝까지 변하지 않도록 주의해야 한다.

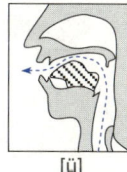
[ü]

| **ai** | 우리말의 [아이]와 같이 발음하되, 'a'에 강세를 두고 'i'는 가볍게 붙여 읽는 식으로 한다. |

| **ei** | 우리말의 [에이]와 같이 발음하되, 'e'에 강세를 두고 'i'는 가볍게 붙여 읽는 식으로 한다. |

| **ao** | 우리말의 [아오]와 같이 발음하되, 'a'에 강세를 두고 'o'는 가볍게 붙여 읽는 식으로 한다. |

| **ou** | 우리말의 [오우]와 같이 발음하되, 'o'에 강세를 두고 'u'는 가볍게 붙여 읽는 식으로 한다. |

| **an** | 우리말의 [안]을 발음하듯, 'a' 발음을 내다가 우리말의 'ㄴ' 받침을 붙이면 된다. |

| **en** | 우리말의 [언]을 발음하듯, 'e' 발음을 내다가 우리말의 'ㄴ' 받침을 붙이면 된다. |

| **ang** | 우리말의 [앙]을 발음하듯, 'a' 발음을 내다가 우리말의 'ㅇ' 받침을 붙이면 된다. |

| **eng** | 우리말의 [엉]을 발음하듯, 'e' 발음을 내다가 우리말의 'ㅇ' 받침을 붙이면 된다. |

| **er** | 우리말의 [얼]을 발음하듯, 먼저 'e' 발음을 내다가 혀끝을 굳은입천장을 향해 약간 말아올리면서 우리말의 'ㄹ' 받침을 붙이면 된다. |

③ 결합모음(結合母音)

모음 중에서 'i, u, ü'는 다른 모음과 합쳐져서 결합모음이 된다.

> **결합모음**
> • 모음 'i, u, ü'가 다른 모음과 합쳐져서 된 모음을 말한다.

ia [이야]	ie [이에]	iao [야오]	iou [요우]
ian [이엔]	in [인]	iang [양]	ing [잉]
ua [와]	uo [워]	uai [와이]	uei [웨이]
uan [완]	uen [원]	uang [왕]	ueng [웡]
üe [유에]	üan [유안]	ün [유인]	iong [용]

앞에서 이야기한 바와 같이 자음 b에서부터 x까지는 단독으로 음을 낼 수 없으므로 반드시 모음 혹은 결합모음에 붙여 음을 낸다. 예를 들어, m은 'ㅁ'의 첫음이므로 모음 a를 붙여 읽으면 '마'라는 음이 되고, 결합모음 ing을 붙여 읽으면 '밍'이라는 음이 된다.

단, i, u, ü와 결합된 결합모음이 자음 없이 단독으로 음절을 구성할 때 i는 y로, u는 w로, ü는 yu로 표기한다.

iao→yao   uai→wai   üan→yuan

연 습   다음 한어병음을 읽어 보시오.

ba	po	min	fang	da
tei	nao	la	guan	ku
hai	jia	qing	xiao	zhao
chong	shua	ren	zuo	cuo
sui	yan	wen	yun	

3
성조(聲調)와 성조의 변화

성조
• 소리의 높낮이로, 4성과 반3성·경성으로 구분된다.

성조는 앞에서도 약간 언급한 바 있지만 소리의 높낮이라고 말할 수 있는데, 중국어 학습에 있어서 절대로 소홀히 해서는 안될 중요한 요소이다. 중국어에는 같은 음절의 한자가 상당히 많지만, 한자는 각기 자신의 독특한 성조를 지니고 있으므로 같은 음절이라 할지라도 성조에 따라 뜻이나 한자가 달라지기 때문이다.

흔히들 중국어의 성조는 4성으로 나누어진다고 하나 좀더 자세히 나누면 6가지 기본 성조가 있다(감정과 억양의 성분은 제외).

4성이란 중국어의 제1성·제2성·제3성·제4성을 말하고, 6성이라 함은 4성에 반3성(半三聲)과 경성(輕聲)을 더한 것이다.

그럼 도표를 통해 자세히 알아보도록 하자.

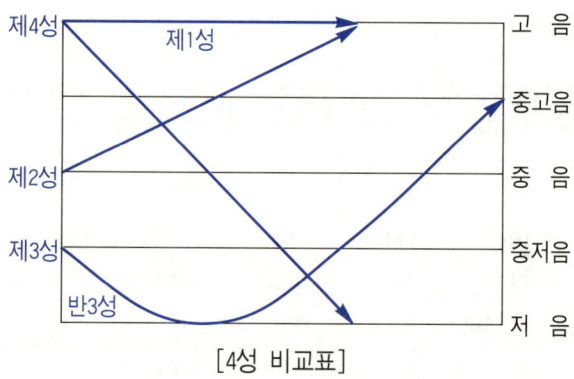

[4성 비교표]

1 제1성

고음에서 시작하여 같은 높이로 발음하는 성조로 표기는 '⁻'이다.

 bēi chī zhōng cā xiū

2 제2성

중음에서 시작하여 고음을 향해 올리는 성조로 표기는 '´'이다.

 lái lín xué hé qíng

3 제3성

중저음에서 시작하여 저음으로 내린 다음 다시 올리는 성조로 표기는 'ˇ'이다.

 wǒ xiǎo lěng jǐ zǒng

4 제4성

고음에서 시작하여 급격히 가장 낮은 음으로 내리는 성조로 '표기는 '`'이다.

 xìn kuài shuì diào sòng

5 반3성

3성에 해당하는 글자 뒤에 3성이 아닌 다른 글자가 있어 같이 이어서 발음할 때, 3성 성조의 앞부분, 즉 내리는 부분만 음을 내는 성조로 표기는 3성과 같다.

 wǒ lái nǐ kàn lěng qì qǐng tā

3성음의 또 한 가지 변화는 앞뒤 2개의 3성 글자를 같이 이어서 발음할 때 앞에 있는 3성은 2성으로 발음한다.

 wǒ lěng nǐ děng kǒng zǐ zǒng tǒng

제1성
- 고음에서 시작하여 같은 높이로 발음하는 성조 → '⁻'

제2성
- 중음에서 시작해 고음을 향해 올리는 성조 → '´'

제3성
- 중저음에서 시작하여 저음으로 내린 다음 다시 올리는 성조 → 'ˇ'

제4성
- 고음에서 시작하여 급격히 가장 낮은 음으로 내리는 성조 → '`'

반3성
- 3성 + 1, 2, 4성 → 3성 성조의 내리는 부분만 발음
- 3성 + 3성 → 앞의 3성을 2성으로 발음

경성
- 앞 음절에 이어져 본래의 성조를 잃고 가볍게 발음하는 것으로, 성조 부호를 붙이지 않는다.

6 경성(輕聲)

두 음절 이상의 단어 중에서 마지막 음절은 종종 본래의 성조를 잃고 가볍게 발음(중음 정도)되는 경우가 있는데, 이것을 경성이라고 하며, 일반적으로 부호는 붙이지 않는다.

ér zi   tài tai   zěn me   chī ba

연 습 다음 한어병음을 읽어 보시오.

biǎo	píng	miàn	fú	děng
tiān	nà	liàng	guā	kòng
hǎi	jiāo	qióng	xǔ	zhuāng
chǎo	shì	róng	zòng	cōng
suǒ	yǎn	wān	yuè	
bà ba	mā ma	shén me	jiǎo zi	

실제편

# 인칭 및 지시대명사

기본어휘

1. 我 *워*
   wǒ
   나

   我们 *워 먼*
   wǒmen
   우리

2. 你 *니*
   nǐ
   너, 당신

   你们 *니 먼*
   nǐmen
   너희들, 당신들

3. 您 *닌*
   nín
   你의 존칭

4. 他(她) *타 타*
   tā   tā
   그(그녀)

   他们(她们) *타 먼 타 먼*
   tāmen tāmen
   그들(그녀들)

5. 谁 *셰이*
   shéi
   누구

기 본 어 휘

시엔 성
6. **先生**
xiānsheng
성인 남성의 통칭

샤오 지에
小姐
xiǎojiě
미혼 여성의 통칭

타이 타이
太太
tàitai
기혼 여성의 통칭

꺼 웨이
7. **各位**
gèwèi
여러분

따 지아
大家
dàjiā
모두(들)

라오 쓰
8. **老师**
lǎoshī
선생님(가르치는)

똥 쓰 장
9. **董事长**
dǒngshìzhǎng
한국의 회장격

쭝 징 리
总经理
zǒngjīnglǐ
한국의 사장격

쩌 거
10. **这(个)**
zhè (ge)
이(이것)

쩌 시에
这些
zhèxiē
이것들

나 거
11. **那(个)**
nà (ge)
저(저것), 그(그것)

나 시에
那些
nàxiē
저것들, 그것들

기본어휘

12. 哪(个)
　　　나 거
　　nǎ (ge)
　　어느(어느 것)

哪 些
나 시에
nǎxiē
어느 것들

13. 这 位
　　　쩌 웨이
　　zhè wèi
　　이분

这 儿 / 这 里
쩌얼　쩌리
zhèr　zhèli
이곳

14. 那 位
　　　나 웨이
　　nà wèi
　　저분, 그분

那 儿 / 那 里
나얼　나리
nàr　nàli
저곳, 그곳

15. 哪 位
　　　나 웨이
　　nǎ wèi
　　어느 분

哪 儿 / 哪 里
나얼　나리
nǎr　nǎli
어느 곳

어법교실

■ **인칭대명사**

我「나」你「너」他「그」 등과 같이 사람을 가리키는 대명사를 인칭대명사라 한다.

1인칭	2인칭	3인칭	부정칭
我 wǒ	你 nǐ	他 tā	谁 shéi
나	너	그	누구

■ **您 [nín 닌]**

'您'은 '你'보다도 정중하게 표현할 때 쓰는 말이다. 처음 만난 중국인이나 학교 선생 또는 자기보다 나이가 많은 사람에게 사용한다. 우리나라에서는 한 살이라도 자기보다 많으면 선배 취급을 하지만, 중국어에서의 '您'은 그와 같은 경우에는 사용하지 않아도 된다.

■ **们 [men 먼] / 些 [xiē 시에]**

'们'은 인칭대명사 뒤에 붙어 복수를 나타내는 말이고, '些'는 지시대명사 뒤에 붙어 복수를 나타내는 말이다. 단, 인칭대명사의 '谁「누구」'와 복수를 나타낸 '各位「여러분」, 大家「모두(들)」' 등은 해당되지 않는다.

■ **지시대명사**

这「이」那「저, 그」哪「어느」와 같이 사물의 이름을 밝히지 않고 명사 대신 부르는 말을 지시대명사라 한다.

근칭(近稱)	중칭(中稱)・원칭(遠稱)	부정칭(不定稱)
这 zhè	那 nà	哪 nǎ
이	그, 저	어느

어법 교실

우리말에서는 '이것, 그것, 저것'의 3개로 구분하지만, 중국어에서는 '这, 那' 2개밖에 없다. 자신에게 가깝다고 느낄 때에는 '这'를 사용하고, 멀다고 느낄 때에는 '那'를 사용한다.

연 습

■ 빈칸을 중국어의 한자·병음·뜻으로 각각 메우시오.

한자	병음	뜻
董事长	_____	_____
_____	zǒngjīnglǐ	_____
_____	_____	(가르치는) 선생님
_____	xiānsheng	_____
小姐	_____	_____
_____	tàitai	_____
_____	_____	나
他们	_____	_____
_____	_____	너
这个	_____	_____
_____	nàr	_____
_____	_____	여러분
这些	_____	_____
_____	shéi	_____
_____	_____	어느 곳
大家	_____	_____
_____	_____	그녀
_____	nǐmen	_____
这儿	_____	_____

2 我是韩国人。
나는 한국 사람입니다.

학습목표

A是B ⇒ A는 B이다

기 본 문 형	신출어휘

1. 我 是 韩 国 人。
   워 스 한 궈 런
   Wǒ shì Hánguórén.
   나는 한국 사람입니다.

   ◇ 是
   shì
   「~이다」

   ◇ 韩国人
   Hánguórén
   「한국인」

2. 他 是 中 国 人。
   타 스 쭝 궈 런
   Tā shì Zhōngguórén.
   그는 중국 사람입니다.

   ◇ 中国人
   Zhōngguórén
   「중국인」

3. 我 们 是 留 学 生。
   워 먼 스 리우 쉬에 성
   Wǒmen shì liúxuéshēng.
   우리는 유학생입니다.

   ◇ 留学生
   liúxuéshēng
   「유학생」

4. 那 位 是 学 校 老 师。
   나 웨이 스 쉬에 샤오 라오 쓰
   Nà wèi shì xuéxiào lǎoshī.
   저분은 학교 선생님입니다.

   ◇ 学校
   xuéxiào
   「학교」

기 본 문 형 / 신출어휘

5. 哪 位 是 总 经 理?
   나 웨이 스 쫑 징 리
   Nǎ wèi shì zǒngjīnglǐ?
   어느 분이 사장님이십니까?

6. 这 位 是 我 们 公 司 董 事 长。
   쩌 웨이 스 워 먼 꿍 쓰 똥 쓰 장
   Zhè wèi shì wǒmen gōngsī dǒngshìzhǎng.
   이분은 우리 회사 회장님이십니다.

◇公司
gōngsī
「회사」

어법교실

■ 체언술어문

A	是	B
A (주어)	는	B이다 (술어)

위의 문형은 체언술어문의 기본형으로서 술어는 주어가 지칭하는 사물이 무엇인가를 판단해 준다. 즉, A는 판단의 대상이고, B는 판단의 결과이다. 구성 성분으로서는 'A—주어, B—보어, 是—동사'이다. 이와 같은 문장의 술어는 체언(명사·대명사·수사 등)으로 충당한다.

■ 是 [shì 스]

'是'는 특수한 동사로, 동작이나 행위를 나타내는 것이 아니라 판단과 긍정의 역할을 한다. 'A 是 B'에서 A에 어떠한 말이 들어가도 '是'에는 변화가 없다. 또 A가 복수형이라 해도 B까지 복수형이 되지 않는다. 이와 같은 점은 중국어가 영어보다 간단하다고 할 수 있다.

참고 '是'가 단독으로 쓰일 때에는「네, 그렇다」의 뜻이다.

2. 我是韩国人   33

회화

A : 您是哪国人?
   Nín shì nǎ guó rén?   당신은 어느 나라 사람입니까?

B : 我是韩国人。
   Wǒ shì Hánguórén.   나는 한국인입니다.

A : 那位是谁?
   Nà wèi shì shéi?   저분은 누구십니까?

B : 那位是我们董事长。
   Nà wèi shì wǒmen dǒngshìzhǎng. 저분은 우리 회장님이십니다.

중국어 산책

♣ 중국어는 어순으로 의미를 나타낸다 ♣

세계의 언어는 문법상, 고립어·교착어·굴절어로 분류됩니다. 영어·불어·독어 등의 굴절어는 'like, likes, liked'처럼 어미변화가 특징이고, 우리말은 교착어로 조사가 특징입니다. 중국어는 고립어로 '~하고, ~에[에게], ~을[를], ~은[는]'에 해당하는 부속어도 없고 어미변화도 없습니다. 어순에 따라서 의미를 나타내는 것이 특징입니다.

연 습

1. 빈칸을 중국어의 한자 · 병음 · 뜻으로 각각 메우시오.

한자	병음	뜻
韩国人		
	xuéxiào	
		회사
	Zhōngguórén	
留学生		
		학교
是		

2. 우리말을 중국어로 옮기시오.

(1) 너는 학생이다.
(2) 우리는 한국 사람입니다.
(3) 저분은 사장님이십니다.
(4) 이곳은 학교입니다.

해답 2. (1) 你是学生。 (2) 我们是韩国人。 (3) 那位是总经理。 (4) 这儿是学校。

3 春天暖和。
봄은 따뜻합니다.

학습목표
주어 + 술어(형용사) ⇒ ~는 …하다

기본문형 / 신출어휘

춘 티엔 누안 훠
1. 春 天 暖 和。
   Chūntiān nuǎnhuo.
   봄은 따뜻합니다.

시아 티엔 러
2. 夏 天 热。
   Xiàtiān rè.
   여름은 덥습니다.

치우 티엔 리앙 콰이
3. 秋 天 凉 快。
   Qiūtiān liángkuai.
   가을은 선선합니다.

똥 티엔 렁
4. 冬 天 冷。
   Dōngtiān lěng.
   겨울은 춥습니다.

◇ 春天
chūntiān
「봄」

◇ 暖和
nuǎnhuo
「따뜻하다」

◇ 夏天
xiàtiān
「여름」

◇ 热
rè
「덥다, 뜨겁다」

◇ 秋天
qiūtiān
「가을」

◇ 凉快
liángkuai
「시원하다, 선선하다」

◇ 冬天
dōngtiān
「겨울」

◇ 冷
lěng
「춥다, 차다」

기본문형 / 신출어휘

5. 学 生 多。
   쉬에 성 뚜오
   Xuésheng duō.
   학생은 많습니다.

   ◇学生
   xuésheng
   「학생」

   ◇多
   duō
   「많다」

6. 老 师 少。
   라오 쓰 샤오
   Lǎoshī shǎo.
   선생님은 적습니다.

   ◇少
   shǎo
   「적다」

어법교실

■ 형용사술어문

> 주어 + 술어(형용사)
> ~는   ...하다

중국어의 형용사는 단독으로 술어가 될 수 있다. 예를 들어, '나는 좋다'라고 말할 경우 '나' 뒤에 형용사 '좋다'를 붙이면 된다. 영어의 be동사에 해당하는 '是'를 넣지 않도록 주의해야 한다.

술어로 충당되는 형용사는 주어의 특징, 즉 주어의 성질 및 상태를 묘사해 준다. 형용사 술어문은 주어 뒤에 형용사를 붙이면 된다.

참고 '你好? nǐ hǎo 「안녕하십니까?」'도 형용사를 사용한 문장이다. '好'는 「좋다」라는 뜻으로 사용되지만, '你好'의 '好'는 「안녕하다」라고 하는 뜻의 형용사이다.

3. 春天暖和   37

회화

A : 您 好！
    Nín hǎo!
    (닌 하오)

안녕하십니까?

B : 您 好！
    Nín hǎo!
    (닌 하오)

안녕하십니까?

A : 这 个 是 什 么？
    Zhè ge shì shénme?
    (쩌 거 스 선 머)

이것은 무엇입니까?

B : 这 个 是 公 司 文 件。
    Zhè ge shì gōngsī wénjiàn.
    (쩌 거 스 꿍쓰 원지엔)

이것은 회사 서류입니다.

- 好   hǎo : 좋다, 안녕하다
- 什么 shénme : 무엇, 무슨
- 文件 wénjiàn : 서류

중국어 산책

♣ 한자 수 ♣

중국어의 한자 수는 어느 정도나 될까요? 중국의 『강희자전(康熙字典)』에는 42,174자가 실려 있습니다. 그러나 오늘날 실제로 사용되는 것은 1952년에 출판된 『국음자전(國音字典)』의 10,503자를 참고한 약 1만자라고 생각되고, 그중 일상생활에 필요한 상용자는 2천자로 지정되어 있습니다.

연 습

1. 빈칸을 중국어의 한자 · 병음 · 뜻으로 각각 메우시오.

   春天 _____ _____ _____
   _____ liángkuai _____ _____
   _____ _____ _____ 무엇, 무슨
   暖和 _____ _____ _____
   _____ dōngtiān _____ _____
   文件 _____ _____ _____
   _____ _____ _____ 가을
   _____ hǎo _____ _____
   _____ _____ _____ 적다
   夏天 _____ _____ _____
   _____ lěng _____ _____
   多 _____ _____ _____

2. 우리말을 중국어로 옮기시오.

   (1) 그는 많습니다.
   (2) 나는 적습니다.
   (3) 저것은 무엇입니까?
   (4) 나는 춥습니다.

해답 2. (1)他多。 (2)我少。 (3)那个是什么？ (4)我冷。

4 我看。
나는 봅니다.

학습목표

주어＋술어(동사) ⇒ ～는 …한다

기 본 문 형 / 신 출 어 휘

1. 워 칸
   我 看。
   Wǒ kàn.
   나는 봅니다.

   ◇看
   kàn
   「보다」

2. 타 팅
   他 听。
   Tā tīng.
   그는 듣습니다.

   ◇听
   tīng
   「듣다」

3. 워 먼 취
   我 们 去。
   Wǒmen qù.
   우리는 갑니다.

   ◇去
   qù
   「가다」

4. 셰이 시에
   谁 写？
   Shéi xiě?
   누가 씁니까?

   ◇写
   xiě
   「(글씨를) 쓰다」

기본문형 / 신출어휘

수에이 리우
5. 水 流。
Shuǐ liú.

물은 흐릅니다.

◇水
shuǐ
「물」

◇流
liú
「흐르다」

타 먼 니엔
6. 他 们 念。
Tāmen niàn.

그들은 읽습니다.

◇念
niàn
「읽다」

어법교실

■동사술어문

> 주어 + 술어(동사)
> ~는 …한다

술어로 충당되는 동사가 주어의 동작을 말해 준다. 즉, 주어가 무엇을 한다는 것을 나타낸다.

가장 기본적인 동사술어문은 주어 뒤에 동사를 붙이면 된다. 중국어에서는 우리말과 달리 인칭대명사에 조사(~은, ~는, ~이, ~가)를 붙이지 않는다.

我 们 看。
Wǒmen kàn.
「우리는 봅니다」

他 们 听。
Tāmen tīng.
「그들은 듣습니다」

董 事 长 去。
Dǒngshìzhǎng qù.
「회장님은 갑니다」

회화

A : 谁 去?
　　Shéi qù?
　　세이 취

누가 갑니까?

B : 我 去。
　　Wǒ qù.
　　워 취

제가 갑니다.

A : 谁 写?
　　Shéi xiě?
　　세이 시에

누가 씁니까?

B : 他 写。
　　Tā xiě.
　　타 시에

그가 씁니다.

중국어 산책

♣ 예/아니오 ♣

　영어 공부에서 의문문에 'YES/NO'로 답하는 연습에 질린 후유증 때문에, 'YES/NO'는 어떻게 사용하는가 새삼 걱정하는 사람이 있는데 그런 외국어(영어나 유럽 모든 언어)와는 다릅니다. 우리말에서도 질문에 하나하나 반드시「예/아니오」부터 시작해서 답하는 사람은 없을 것입니다. 명령받았을 때라든가 맞장구를 칠 때 등을 제외하고, 기계적·의무적으로 이와 비슷한 말을 반복하는 일은 없어서 오히려 우리말에 가깝다고 할 수 있습니다. '不喝'나 '经常看'과 같은 짧은 부정형이나 긍정형에 의한 대답법은 우리말의 감각으로는 조금 딱딱한 느낌이 들 수도 있겠지만 별로 실례가 되는 말씨는 아닙니다.

연 습

1. 빈칸을 중국어의 한자 · 병음 · 뜻으로 각각 메우시오.

```
_____   niàn   _____
写           _____   _____
_____   _____   흐르다
听           _____   _____
_____   kàn    _____
_____   _____   가다
水           _____   _____
```

2. 우리말을 중국어로 옮기시오.

(1) 나는 듣습니다.
(2) 그들은 봅니다.
(3) 누가 읽습니까?
(4) 그는 씁니다.

해답 2. (1) 我听。 (2) 他们看。 (3) 谁念? (4) 他写。

5 他喝酒。

그는 술을 마십니다.

학습목표

주어 + 술어(동사) + 목적어 ⇨ ~는 …을 한다

| 기 본 문 형 | 신출어휘 |

1. 他 喝 酒。
   타 허 지우
   Tā hē jiǔ.
   그는 술을 마십니다.

2. 我 抽 烟。
   워 처우 앤
   Wǒ chōu yān.
   나는 담배를 피웁니다.

3. 我 们 吃 饭。
   워 먼 츠 판
   Wǒmen chī fàn.
   우리는 밥을 먹습니다.

4. 他 们 买 东 西。
   타 먼 마이 뚱 시
   Tāmen mǎi dōngxi.
   그들은 물건을 삽니다.

◇喝
hē
「마시다」

◇酒
jiǔ
「술」

◇抽
chōu
「피우다, 빨아내다」

◇烟
yān
「담배, 연기」

◇吃
chī
「먹다」

◇饭
fàn
「밥」

◇买
mǎi
「사다」

◇东西
dōngxi
「물건」

기본문형 / 신출어휘

세이 칸 빠오
5. 谁 看 报?
Shéi kàn bào?

누가 신문을 봅니까?

◇报
bào
「신문」

워 따 띠엔 화
6. 我 打 电 话。
Wǒ dǎ diànhuà.

나는 전화를 겁니다.

◇打
dǎ
「(전화를) 걸다, 때리다」

◇电话
diànhuà
「전화」

어법교실

■ 목적어를 하나 가진 동사술어문

> 주어 + 술어(동사 + 목적어)
> ~는 …을 한다

동사가 주성분이 된 부분에서 주어가 어떠한 사물을 어떻게 하느냐를 설명한다.

我们 看 报。
Wǒmen kàn bào.
「우리는 신문을 봅니다」

他们 抽 烟。
Tāmen chōu yān.
「그들은 담배를 피웁니다」

谁 买 东西?
Shéi mǎi dōngxi?
「누가 물건을 삽니까?」

회화

A : 你 看 什 么?
　　Nǐ kàn shénme?
　　니 칸 선 머

당신은 무엇을 보십니까?

B : 我 看 电 视。
　　Wǒ kàn diànshì.
　　워 칸 띠엔 쓰

나는 텔레비전을 봅니다.

A : 他 去 哪 里?
　　Tā qù nǎli?
　　타 취 나 리

그는 어디에 갑니까?

B : 他 去 学 校。
　　Tā qù xuéxiào.
　　타 취 쉬에 샤오

그는 학교에 갑니다.

- 电视 diànshì : 텔레비전

중국어 산책

♣ 외래어 ♣

　　중국어의 외래어는 우리말과 비교하면 극히 적다고 할 수 있습니다. 우리가 쓰는 외래어는 외국어 발음과 비슷한 말로 표기하지만, 중국어에서는 외국어의 의미를 따서 자국말로 번역해서 사용합니다. 그러나 음역(音譯)이 전혀 없는 것은 아닙니다.

카메라 → 照相机	텔레비전 → 电视
라이터 → 打火机	에어컨 → 空调
카톨릭교 → 加特力教	인터넷 → 因特网

연 습

1. 빈칸을 중국어의 한자 · 병음 · 뜻으로 각각 메우시오.

한자	병음	뜻
		피우다, 빨아내다
东西		
	diànshì	
抽		
		마시다
	fàn	
		(전화를) 걸다
报		
酒		
		먹다
	mǎi	
电话		
		담배, 연기

2. 우리말을 중국어로 옮기시오.

(1) 나는 술을 마십니다.
(2) 누가 음악[音乐 yīnyuè]을 듣습니까?
(3) 그는 영화[电影 diànyǐng]를 봅니다.
(4) 선생님은 책[书 shū]을 삽니다.

해답 2. (1) 我喝酒。 (2) 谁听音乐？ (3) 他看电影。 (4) 老师买书。

我不是日本人。

나는 일본 사람이 아닙니다.

학습목표

주어 + 不 + 是[형용사 / 동사]
⇨ ~는 …이 아니다[하지 않다 / 하지 않는다]

| 기 본 문 형 | 신출어휘 |

1. 我 不 是 日 本 人。
   Wǒ bú shì Rìběnrén.
   나는 일본 사람이 아닙니다.

2. 他 不 高。
   Tā bù gāo.
   그는 키가 크지 않습니다.

3. 董 事 长 不 来。
   Dǒngshìzhǎng bù lái.
   회장님은 오지 않습니다.

4. 这 位 不 是 总 经 理。
   Zhè wèi bú shì zǒngjīnglǐ.
   이분은 사장님이 아니십니다

◇ 不
bù
「~이 아니다,
~하지 않다」
(제4성 앞에서는
'bú'로 발음됨)

◇ 日本人
Rìběnrén
「일본인」

◇ 高
gāo
「(키가) 크다, 높
다」

◇ 来
lái
「오다」

기본문형 / 신출어휘

5. 谁 不 健 康?
   셰이 뿌 지엔 캉
   Shéi bú jiànkāng?
   누가 건강하지 않습니까?

   ◇ 健康
   jiànkāng
   「건강」

6. 我 不 抽 烟。
   워 뿌 처우 앤
   Wǒ bù chōu yān.
   저는 담배를 피우지 않습니다.

어법교실

■ 不가 있는 부정형

```
                  ┌ 是
주어 + 不 +    │ 형용사
                  └ 동사

                  ┌ 이 아니다
~는    …     │ 하지 않다
                  └ 하지 않는다
```

'不'는 현재와 미래의 부정을 나타내는 부정부사로서 앞서 배운 기본 술어문에서는 是·형용사·동사 앞에 놓아 부정한다.

[참고] '不'는 원래 제4성(ˋ)의 성조를 가진 글자이나 제4성자 앞에서는 제2성(ˊ)으로 읽어야 한다.

회화

A : 谁 不 吃 饭?
　　세이 뿌 츠 판
　　Shéi bù chī fàn?

누가 밥을 먹지 않습니까?

B : 我。
　　워
　　Wǒ.

저요.

A : 为 什 么?
　　웨이 선 머
　　Wèishénme?

왜요?

B : 我 不 饿。
　　워 뿌 으어
　　Wǒ bú è

배가 고프지 않아요.

- 为什么　wèishénme : 무엇 때문에
- 饿　è : 배고프다

중국어 산책

♣ 차가우면 맛이 없다 ♣

　　중국인의 식생활에서 '凉了! Liáng le!「차가와져 버렸다」'라는 말은 항상 따라다닙니다. 글자 그대로 말하면, '단지 음식이 차가와졌다'는 뜻이지만, 그것이 바로 '맛이 없다'라는 뜻으로 연결됩니다. 젓가락도 곧 부러질 것 같은, 역에서 파는 도시락 따위는 중국인이 가장 꺼리는 것이고, 휴대한 차가운 밥 덩어리[주먹밥] 따위를 권하거나 한다면 그것이야말로 원망받을지도 모르는 일이기 때문에 아무쪼록 주의해야 합니다.

연 습

1. 빈칸을 중국어의 한자·병음·뜻으로 각각 메우시오.

	jiànkāng	
饿		
		(키가) 크다, 높다
日本人		
		왜, 무엇 때문에

2. 우리말을 중국어로 옮기시오.

　(1) 그는 회사에 가지 않습니다.
　(2) 나는 술을 마시지 않습니다.
　(3) 저분은 건강하지 않습니다.
　(4) 왜 오지 않습니까?

해답　2. (1) 他不去公司。 (2) 我不喝酒。 (3) 那位不健康。 (4) 为什么不来？

他没上班。

그는 출근하지 않았습니다.

학습목표

주어 + 没 + 형용사[동사]
⇒ ~는 …하지 않았다

기 본 문 형 / 신출어휘

1. 他 没 上 班。
   타 메이 샹 빤
   Tā méi shàngbān.
   그는 출근하지 않았습니다.

2. 我 没 胖。
   워 메이 팡
   Wǒ méi pàng.
   저는 뚱뚱해지지 않았습니다.

3. 今 天 没 下 雨。
   진 티엔 메이 시아 위
   Jīntiān méi xià yǔ.
   오늘은 비가 오지 않았습니다.

4. 昨 天 没 看 书。
   쮜 티엔 메이 칸 수
   Zuótiān méi kàn shū.
   이제는 책을 보지 않았습니다.

◇ 没
  méi
  「~하지 않았다, 없다」

◇ 上班
  shàngbān
  「출근하다」

◇ 胖
  pàng
  「뚱뚱하다」

◇ 今天
  jīntiān
  「오늘」

◇ 下雨
  xià yǔ
  「비가 내리다(오다)」

◇ 昨天
  zuótiān
  「어제」

◇ 书
  shū
  「책」

기본문형 / 신출어휘

5. 他们没听音乐。
   　타　먼　메이　팅　인　위에
   Tāmen méi tīng yīnyuè.
   그들은 음악을 듣지 않았습니다.

   ◇音乐
   　yīnyuè
   　「음악」

6. 谁没来?
   　셰이　메이　라이
   Shéi méi lái?
   누가 오지 않았습니까?

어법교실

■没가 있는 부정문

주어 + 没 + { 형용사
                동사

~는 …하지 않았다

현대 중국어의 부정부사는 크게 '不'과 '没' 두 가지로 나누어지는데, 그중 '不'는 앞과에서도 설명했듯이 현재와 미래에 대한 부정부사이고, '没'는 과거에 대한 부정부사이다.

[참고] 是와 有에 대해서 : 중국어의 모든 형용사나 동사는 모두 '不'와 '没'로 부정할 수 있으나 판단동사 '是'는 '不'로만, 소유동사 '有'는 '没'로만 부정해야 한다. 즉, 「~이 아니다」라고 할 때에는 '不是'라 하고, 「~이 없다(가지고 있지 않다)」라고 할 때에는 '没有'라고 써야만 한다.

회화

	세이 여우 치엔	
A :	谁 有 钱？	누가 돈을 가지고 있습니까?
	Shéi yǒu qián?	

	워 메이 여우 치엔	
B :	我 没有 钱。	저는 돈을 가지고 있지 않습니다.
	Wǒ méiyǒu qián.	

	니 여우 선 머	
A :	你 有 什 么？	당신은 무엇을 가지고 있습니까?
	Nǐ yǒu shénme?	

	워 여우 처 파오	
B :	我 有 车 票。	저는 승차권을 가지고 있습니다.
	Wǒ yǒu chēpiào.	

- 有 yǒu : 있다
- 钱 qián : 돈
- 车票 chēpiào : 승차권

중국어 산책

♣ 시제(時制 ; tense) ♣

「여기에서 공부했다」「여기에서 공부한다」「여기에서 공부하자」는 모두 '在这儿学习. Zài zhèr xuéxí.'입니다. 그러면 어떻게 과거·현재·미래를 알 수 있을까요? 문장의 전후 관계에 의해 시제를 판단하든지 '昨天「어제」', '今天「오늘」', '明天「내일」'처럼 시제를 나타내는 명사나 '무就「벌써」', '已经「이미」' 등과 같은 부사의 작용에 의하여 알 수 있는 것입니다.

연 습

1. 빈칸을 중국어의 한자 · 병음 · 뜻으로 각각 메우시오.

```
----------------        출근하다
下雨                     ----------
----------              ----------
        zuótiān         
----------              뚱뚱하다
今天                     ----------
----------              ----------
        chēpiào         
----------              
有                       돈
                        ----------
```

2. 우리말을 중국어로 옮기시오.

(1) 우리는 학교에 가지 않았습니다.
(2) 그들은 가지 않았습니다.
(3) 어제는 텔레비전을 보지 않았습니다.
(4) 저분은 술을 마시지 않았습니다.

해답 **2.** (1) 我们没去学校。 (2) 他们没去。 (3) 昨天没看电视。 (4) 那位没喝酒。

你吃饭了吗?

식사하셨습니까?

학습목표

- 형용사술어문 + 了
  ⇨ ~됐다(상태의 변화)

- 동사술어문 + 了
  ⇨ ~했다(동작 또는 상황의 완료)

- 술어문 + 吗
  ⇨ ~니까?(의문)

기 본 문 형 / 신출어휘

1. 你 吃 饭 了 吗?
   니 츠 판 러 마
   Nǐ chī fàn le ma?

   식사하셨습니까?

2. 他 看 杂 志 吗?
   타 칸 자 쯔 마
   Tā kàn zázhì ma?

   그는 잡지를 봅니까?

3. 天 气 冷 了。
   티엔 치 렁 러
   Tiānqì lěng le.

   날씨가 추워졌습니다

◇了
le
「벌써 ~해 버렸다, ~이 되다」

◇吗
ma
「~ 입니까?(의문 조사)」

◇杂志
zázhì
「잡지」

◇天气
tiānqì
「날씨」

| 기 본 문 형 | 신출어휘 |

4. 小偷跑了。
   샤오 터우 파오 러
   Xiǎotōu pǎo le.
   도둑은 도망쳤습니다.

◇ 小偷「도둑」
  xiǎotōu
◇ 跑
  pǎo
  「뛰다(달아나다)」
◇ 的「~의(것)」
  de

5. 我的衣服脏了。
   워 더 이 푸 짱 러
   Wǒ de yīfu zāng le.
   나의 옷이 더러워졌습니다.

◇ 衣服「옷」
  yīfu
◇ 脏
  zāng
  「더럽다」

6. 他的皮鞋是新的。
   타 더 피 시에 스 씬 더
   Tā de píxié shì xīn de.
   그의 구두는 새것입니다.

◇ 皮鞋「구두」
  píxié
◇ 新的「새것」
  xīnde

어법교실

■ 了 [le 러]

'了'는 변화와 완료를 나타내는 조사로서 보통 형용사나 동사 뒤, 혹은 어미부분에 놓인다.

◆ 알아두어야 할 4가지 관용 형태

1. 不是 ~ 了 「이젠 ~이 아니다」
2. 不   ~ 了 「이젠 ~않는다」
3. 快   ~ 了 「곧 ~이 된다」
4. 别   ~ 了 「이젠 ~하지 마라」

어법 교실

1. 他**不 是** 小 孩 子 **了**。
   Tā bú shì xiǎoháizi le.
   「그는 이제 어린아이가 아니다」

2. 我 **不** 抽 烟 **了**。
   Wǒ bù chōu yān le.
   「이젠 담배를 안 피운다」

3. 他 **快** 到 **了**。
   Tā kuài dào le.
   「그는 곧 도착한다」

4. 你 **别** 喝 酒 **了**。
   Nǐ bié hē jiǔ le.
   「(이젠) 술 마시지 마라」

■ 吗 [ma 마]

우리말의 「~입니까?」라는 뜻으로 의문을 나타내는 말이다. 문장에 의문사가 있을 때에는 어미에 '吗'를 쓰지 않는다.

你 昨 天 喝 酒 了 **吗**?
Nǐ zuótiān hē jiǔ le ma?
「당신은 어제 술 마셨습니까?」

天 气 暖 和 了 **吗**?
Tiānqì nuǎnhuo le ma?
「날씨가 따뜻해졌습니까?」

他 抽 烟 **吗**?
Tā chōu yān ma?
「그는 담배를 피웁니까?」

老 师 是 韩 国 人 **吗**?
Lǎoshī shì Hánguórén ma?
「선생님은 한국인입니까?」

회화

A : 你 昨天 去 哪里 了?
　　Nǐ zuótiān qù nǎli le?
（니 쮀 티엔 취 나 리 러）
너 어제 어디 갔었니?

B : 我 去 图书馆 了。
　　Wǒ qù túshūguǎn le.
（워 취 투 수 관 러）
나 도서관에 갔었어.

A : 借 书 了 吗?
　　Jiè shū le ma?
（지에 수 러 마）
책 빌렸니?

B : 借 了。
　　Jiè le.
（지에 러）
빌렸어.

- 图书馆 túshūguǎn : 도서관
- 借 jiè : 빌리다

♣ 태(態 ; aspect) ♣

'태'는 그 행해지는 동작이 시제와는 관계없이 개시·계속·완료 등의 양태를 나타내는 것으로, 그것은 동작의 뒤(또는 앞)에 부가어를 붙여서 나타냅니다. '看「보다」'를 예로 들어보면, '看了「보았다→완료」', '看过「본 적이 있다→경험」', '看着, 在看「보고 있다→계속」', '看起来「보기 시작하다→개시」' 등과 같이 됩니다.

연 습

1. 빈칸을 중국어의 한자·병음·뜻으로 각각 메우시오.

小偷		
	túshūguǎn	
		더럽다
		뛰다(달아나다)
天气		
	píxié	
小孩子		
		옷
	jiè	
		도착
新的		

2. 우리말을 중국어로 옮기시오.

(1) 그는 영화를 보았습니까?
(2) 나는 음악을 들었습니다.
(3) 당신은 중국 사람입니까?
(4) 누가 왔습니까?

해답 2. (1) 他看电影了吗? (2) 我听音乐了。 (3) 你是中国人吗?
(4) 谁来了?

 这个是不是你的?
이것은 당신 것입니까, 아닙니까?

학습목표

A + **是不是** + B ⇒ A는 B입니까, 아닙니까?

- 주어 + 형용사 긍정부정
- 주어 + 동사 긍정부정

기 본 문 형 / 신출어휘

1. 这 个 是 不 是 你 的?
   쩌 거 스 부 스 니 더
   Zhè ge shì bú shì nǐ de?

   이것은 당신 것입니까, 아닙니까?

2. 他 学 不 学 中 国 话?
   타 쉬에 뿌 쉬에 쭝 궈 화
   Tā xué bù xué Zhōngguóhuà?

   그는 중국어를 배웁니까, 배우지 않습니까?

   ◇ 学
   xué
   「배우다」

   ◇ 中国话
   Zhōngguóhuà
   「중국어」

3. 今 天 冷 不 冷?
   진 티엔 렁 뿌 렁
   Jīntiān lěng bù lěng?

   오늘은 춥습니까, 춥지 않습니까?

4. 你 打 没 打 他?
   니 따 메이 따 타
   nǐ dǎ méi dǎ tā?

   당신은 그를 때렸습니까, 때리지 않았습니까?

   ◇ 打
   dǎ
   「때리다.(전화를) 걸다」

9. 这个是不是你的？

기본문형 / 신출어휘

5. 那 个 坏 没 坏？
   나 거 화이 메이 화이
   Nà ge huài méi huài?
   저것은 고장났습니까, 고장나지 않았습니까?

   ◇坏
   huài
   「고장나다 (나쁘다)」

   ◇病
   bìng
   「병」

6. 他 的 病 好 没 好？
   타 더 삥 하오 메이 하오
   Tā de bìng hǎo méi hǎo?
   그의 병은 나았습니까, 낫지 않았습니까?

   ◇好
   hǎo
   「좋다,(병이)낫다」

어법교실

중국어에서 의문을 나타내는 방식에는 여러가지가 있다. 그 중에서 가장 많이 사용되는 방식을 소개하면 다음과 같다.

■체언술어문

你 是 导 游 吗？   ←긍정의 의문
Nǐ shì dǎoyóu ma?
「당신은 가이드입니까?」

你 不 是 导 游 吗？   ←부정의 의문
Nǐ bú shì dǎoyóu ma?
「당신은 가이드가 아닙니까?」

你 是 不 是 导 游？   ←긍정부정의 의문
Nǐ shì bú shì dǎoyóu?
「당신은 가이드입니까, 아닙니까?」

你 是 导 游 不 是？   ←확인성 의문
Nǐ shì dǎoyóu bú shì?
「당신은 가이드입니까, 아닙니까?」

어법교실

■ 형용사술어문

今天冷吗?
Jīntiān lěng ma?
「오늘은 춥습니까?」　　←긍정의 의문

天气冷了吗?
Tiānqì lěng le ma?
「날씨가 추워졌습니까?」　　←긍정의 의문

今天**不**冷吗?
Jīntiān bù lěng ma?
「오늘은 춥지 않습니까?」　　←부정의 의문

昨天**没**冷吗?
Zuótiān méi lěng ma?
「어제는 춥지 않았습니까?」　　←부정의 의문

今天冷**不**冷?
Jīntiān lěng bù lěng?
「오늘은 춥습니까, 춥지 않습니까?」　　←긍정부정의 의문

昨天冷**没**冷?
Zuótiān lěng méi lěng?
「어제는 추웠습니까, 춥지 않았습니까?」　　←긍정부정의 의문

天气冷**了没有**?
Tiānqì lěng le méiyǒu?
「날씨가 추워졌습니까?」　　←확인성 의문

天气冷, **是不是**?
Tiānqì lěng, shì bú shì?
「날씨가 춥지요?」　　←의견을 묻거나 동의를 구할 때

天气冷**了**, **是不是**?
Tiānqì lěng le, shì bú shì?
「날씨가 추워졌지요?」　　←의견을 묻거나 동의를 구할 때

어법교실

■ 동사술어문

你喝茶吗? ←긍정의 의문
Nǐ hē chá ma?
「당신은 차를 마십니까?」

你喝茶了吗? ←긍정의 의문
Nǐ hē chá le ma?
「당신은 차를 마셨습니까?」

你不喝茶吗? ←부정의 의문
Nǐ bù hē chá ma?
「당신은 차를 마시지 않습니까?」

你没喝茶吗? ←부정의 의문
Nǐ méi hē chá ma?
「당신은 차를 마시지 않았습니까?」

你喝不喝茶? ←긍정부정의 의문
Nǐ hē bù hē chá?
「당신은 차를 마십니까, 마시지 않습니까?」

你喝没喝茶? ←긍정부정의 의문
Nǐ hē méi hē chá?
「당신은 차를 마셨습니까, 마시지 않았습니까?」

你喝茶不喝? ←확인성 의문
Nǐ hē chá bù hē?
「당신은 차를 마십니까, 마시지 않습니까?」

你喝茶了没有? ←확인성 의문
Nǐ hē chá le méiyǒu?
「당신은 차를 마셨습니까?」

你喝茶,是不是? ←동의를 구하거나 단정할 때
Nǐ hē chá, shì bú shì?
「당신은 차를 마시지요?」

어법교실

你 喝 茶 了, 是 不 是?　　←단정할 때
Nǐ hē chá le, shì bú shì?
「당신은 차를 마셨지요?」

我 们 喝 茶, 好 不 好?　　←동의를 구할 때
Wǒmen hē chá, hǎo bù hǎo?
「우리 차를 마십시다, 좋습니까?」

회화

A : 你 昨 天 去 了 没 有?　　너 어제 갔었니?
　　니 쭤 티엔 취 러 메이 여우
　　Nǐ zuótiān qù le méiyǒu?

B : 我 没 去。　　가지 않았어.
　　워 메이 취
　　Wǒ méi qù.

A : 为 什 么?　　왜?
　　웨이 선 머
　　Wèishénme?

B : 我 生 病 了。　　병이 나서.
　　워 성 삥 러
　　Wǒ shēngbìng le.

• 生病　shēngbìng : 병이 나다

연 습

1. 빈칸을 중국어의 한자 · 병음 · 뜻으로 각각 메우시오.

	xué	
坏		
		가이드(여행)
中国话		
		뛰다(달아나다)
	bìng	
茶		
		병이 나다

2. 우리말을 중국어로 옮기시오.

(1) 당신은 한국말을 배웁니까, 배우지 않습니까?
(2) 오늘은 따뜻합니까?
(3) 그는 오지 않습니까?
(4) 당신이 먹었지요?

해답 2. (1) 你学不学韩国话？ (2) 今天暖和吗？ (3) 他不来吗？ (4) 你吃了,是不是？

66 실제편

他很瘦。
그는 매우 말랐습니다.

학습목표

주어 + 부사 + 형용사

기본문형 / 신출어휘

1. 타 헌 쇼우
   他 很 瘦。
   Tā hěn shòu.
   그는 매우 말랐습니다.

2. 워 부 타이 라오
   我 不 太 老。
   Wǒ bú tài lǎo.
   나는 그다지 늙지 않습니다.

3. 타 페이 창 파오 량
   她 非 常 漂 亮。
   Tā fēicháng piàoliang.
   그녀는 대단히 아름답습니다.

4. 진 시엔 성 쩐 아이
   金 先 生 真 矮。
   Jīn xiānsheng zhēn ǎi.
   김 선생은 키가 정말 작습니다.

◇很
  hěn
  「매우」
◇瘦
  shòu
  「마르다」
◇不太
  bú tài
  「그다지 ~ 않다」
◇老
  lǎo
  「늙다」
◇非常「대단히」
  fēicháng
◇漂亮
  piàoliang
  「아름답다」
◇金先生「김 선생」
  Jīn xiānsheng
◇真「정말」
  zhēn
◇矮
  ǎi
  「(키가) 작다, 얕다」

기본문형 / 신출어휘

5. 这 个 太 大。
   쩌 거 타이 따
   Zhè ge tài dà.

   이것은 너무 큽니다.

◇ **太**「너무」
     tài
◇ **大**「크다」
     dà
◇ **都**「모두, 다」
     dōu
◇ **累**
     lèi
     「힘들다, 피곤하다」

6. 我 们 都 累。
   워 먼 또우 레이
   Wǒmen dōu lèi.

   우리는 모두 힘듭니다.

어법교실

■ 주어 + 부사 + 형용사

형용사술어문에서 부사는 형용사를 수식할 수 있으며, 2개 이상의 부사도 형용사 앞에서 수식할 수 있다.

他 们 也 都 很 愉 快。

Tāmen yě dōu hěn yúkuài.
「그들도 모두 매우 유쾌하다」

■ 부분부정

부정문에서 부사를 부정하면 부분부정이 된다. 예를 들어, '很不'는「매우 ~하지 않다」이지만 어순을 바꿔 '不很'이라고 하면「그다지 ~않다」라는 뜻이 된다. '很不……'는 완전부정, '不很……'은 부분부정이라고 한다.

很 不 好   ←완전부정
hěn bù hǎo
「매우 좋지 않다」

어법교실

不 很 好
bù hěn hǎo
「그다지 좋지 않다」 ←부분부정

都 不 好
dōu bù hǎo
「모두 좋지 않다」 ←완전부정

不 都 好
bù dōu hǎo
「모두 좋은 것은 아니다」 ←부분부정

■ 不很과 不太

'不很……'과 같은 부분부정을 나타내는 말로는 '不太……'가 있다. 구어(口語)에서는 '不太……'가 더 많이 사용된다.

A : 这 个 很 贵 吗?
　　Zhè ge hěn guì ma?
　　쩌 거 헌 꾸에이 마
　　이것은 매우 비쌉니까?

B : 这 个 不 很 贵。
　　Zhè ge bù hěn guì.
　　쩌 거 뿌 헌 꾸에이
　　이것은 그다지 비싸지 않습니다.

A : 那 个 也 不 很 贵 吗?
　　Nà ge yě bù hěn guì ma?
　　나 거 얘 뿌 헌 꾸에이 마
　　저것도 그다지 비싸지 않습니까?

B : 那 个 非 常 便 宜。
　　Nà ge fēicháng piányi.
　　나 거 페이창 피엔이
　　저것은 대단히 쌉니다.

- 贵　guì : 비싸다, 귀하다
- 便宜　piányi : 싸다

연 습

1. 빈칸을 중국어의 한자 · 병음 · 뜻으로 각각 메우시오.

한자	병음	뜻
		그다지 ~않다
漂亮		
	fēicháng	
愉快		
		(키가) 작다, 얕다
	shòu	
便宜		
	zhēn	
		매우
		모두, 다
贵		
	lèi	
		~도(역시)
太		
		크다

2. 우리말을 중국어로 옮기시오.

(1) 오늘은 그다지 덥지 않습니다.
(2) 나는 오늘 매우 바쁩니다[忙 máng].
(3) 그는 대단히 뚱뚱합니다.
(4) 우리는 모두 한국 사람입니다.

> **해답** 2. (1) 今天不很热。 (2) 我今天很忙。 (3) 他很胖。 (4) 我们都是韩国人。

 我会说中国话。
나는 중국어를 할 줄 압니다.

학습목표

주어 + 조동사 + 동사 + 목적어
주어 + 부사 + 조동사 + 동사 + 목적어

기 본 문 형 / 신출어휘

워 후에이 쉬 쭝 궈 화
1. 我 会 说 中 国 话。
   Wǒ huì shuō Zhōngguóhuà.
   나는 중국어를 할 줄 압니다.

타 시 환 허 지우
2. 他 喜 欢 喝 酒。
   Tā xǐhuān hē jiǔ.
   그는 술 마시기를 좋아합니다.

셰이 뿌 넝 취
3. 谁 不 能 去?
   Shéi bù néng qù?
   누가 갈 수 없습니까?

워 샹 취 쭝 궈
4. 我 想 去 中 国。
   Wǒ xiǎng qù Zhōngguó.
   나는 중국에 갈 생각입니다.

◇ 会 (조동사)
huì
「(배워서) ~할 줄 안다」

◇ 说
shuō
「말하다」

◇ 喜欢 (조동사)
xǐhuān
「~하기를 좋아하다」

◇ 能 (조동사)
néng
「~할 수 있다」

◇ 想 (조동사)
xiǎng
「~할 생각이다」

| 기 본 문 형 | 신출어휘 |

5. 他 很 爱 喝 咖 啡。
   Tā hěn ài hē kāfēi.

   타 헌 아이 허 카 페이

   그는 커피 마시는 것을 매우 좋아합니다.

◇爱(조동사)
ài
「~하기를 좋아하다」

◇咖啡
kāfēi
「커피」

6. 我 要 学 中 国 话。
   Wǒ yào xué Zhōngguóhuà.

   워 야오 쉬에 쭝 궈 화

   나는 중국어를 배우려고 합니다.

◇要(조동사)
yào
「~하려고 하다」

어법교실

■ 조동사

조동사는 일종의 보조동사로서 동사 앞이나 부사 뒤에 위치한다. 또 조동사는 동사로 쓰일 때도 있다.

老师 喜欢 看 书。
Lǎoshī xǐhuān kàn shū.
「선생님은 책 보는 것을 좋아합니다」

我 想 听 中 国 音 乐。
Wǒ xiǎng tīng Zhōngguó yīnyuè.
「저는 중국 음악을 듣고 싶습니다」

他 要 去 韩 国。
Tā yào qù Hánguó.
「그는 한국에 가려고 합니다」

总 经 理 不 会 说 中 国 话。
Zǒngjīnglǐ bú huì shuō Zhōngguóhuà.
「사장님은 중국어를 할 줄 모릅니다」

회화

A: 你 会 说 中 国 话 吗?
　　Nǐ huì shuō Zhōngguóhuà ma?
　　(니 후에이 쉬 쭝궈화 마)
　　당신은 중국어를 할 줄 아십니까?

B: 我 会 说 一 点(儿)。
　　Wǒ huì shuō yìdiǎn(r).
　　(워 후에이 쉬 이 디엔)
　　조금 할 줄 압니다.

A: 中 国 话 难 不 难?
　　Zhōngguóhuà nán bù nán?
　　(쭝궈화 난 뿌 난)
　　중국어는 어렵습니까, 어렵지 않습니까?

B: 不 太 难。
　　Bú tài nán.
　　(부 타이 난)
　　그다지 어렵지 않습니다.

- 一点(儿)　yìdiǎn(r) : 조금
  [참고] 一点은 동사(조동사 포함)나 형용사 뒤에 위치한다.
- 难　nán : 어렵다

중국어 산책

♣ '老'와 '小'는 「~씨」 ♣

　중국인들 사이에서는 자주 '老王', '小李'라고 부릅니다. 이것은 「나이를 먹은 왕씨」 「어린 이군」이 아니고, 친한 사이의 「씨」「군」이라는 느낌으로 사용하고 있는 것입니다. '老'는 연상의 사람에게, '小'는 연하의 사람에게 사용합니다. 동년배의 사람에게는 '老, 小' 두 가지가 다 쓰입니다. 우리나라 사람도 성이 1字일 때는 '김씨'라든가 '이군'이라고 부를 때가 있습니다. '小'는 친근감을 나타내는 호칭이니 기분나빠하지 않도록 하십시오.

연 습

1. 빈칸을 중국어의 한자·병음·뜻으로 각각 메우시오.

```
喜欢  _____  _____  _____
____  _____  kāfēi     _____
____  _____  _____  ~할 줄 안다
一点(儿) _____  _____  _____
____  _____  nán       _____
____  _____  _____  ~할 생각이다
____  _____  _____  ~할 수 있다
爱    _____  _____  _____
____  _____  yào       _____
```

2. 우리말을 중국어로 옮기시오.

(1) 나는 책 보는 것을 좋아합니다.
(2) 그는 중국어를 할 줄 모릅니다.
(3) 당신은 어디에 가려고 합니까?
(4) 나는 차를 마실 생각입니다(마시고 싶습니다).

해답 **2.** (1) 我喜欢看书。 (2) 他不会说中国话。 (3) 你要去哪儿？
(4) 我想喝茶。

 他在中国。
그는 중국에 있습니다.

학습목표

- 주어 + 在 + 장소
  ⇨ 주어는 ~에 있다

- 주어 + 在 + 장소 + 동사술어
  ⇨ 주어는 ~에서 …를 한다

- 在 + 동사
  ⇨ 어떤 동작을 하고 있다(진행)

기 본 문 형 / 신출어휘

1. 他 在 中 国。
   타 짜이 쭝 궈
   Tā zài Zhōngguó.
   그는 중국에 있습니다.

2. 他 在 中 国 做 生 意。
   타 짜이 쭝 궈 쭤 셩 이
   Tā zài Zhōngguó zuò shēngyi.
   그는 중국에서 장사를 합니다.

3. 他 在 睡 觉。
   타 짜이 수에이 쟈오
   Tā zài shuìjiào.
   그는 잠을 자고 있습니다.

◇ 在
zài
「~에 있다(동사),
~에서 …하다
(전치사)」

◇ 做
zuò
「하다, 일하다」

◇ 生意
shēngyi
「장사, 비즈니스」

◇ 睡觉
shuìjiào
「잠을 자다」

기본문형 / 신출어휘

4. 我 在 公 司 工 作。
   워 짜이 꿍쓰 꿍쭤
   Wǒ zài gōngsī gōngzuò.

   나는 회사에서 일을 합니다.

   ◇工作
   gōngzuò
   「일하다」

5. 他 在 哪 儿?
   타 짜이 나 얼
   Tā zài nǎr?

   그는 어디에 있습니까?

6. 你 在 吃 饭 吗?
   니 짜이 츠 판 마
   Nǐ zài chī fàn ma?

   당신은 식사하고 계십니까?

어법교실

■ 在 [zài 짜이]

  '在'는 존재동사이지만 존재한다는 장소 뒤에 또 다른 동사 술어문이 나올 경우 전치사적 성격을 지닌다. '在' 외에 자주 쓰이는 전치사로는 '从, 到, 给' 등이 있다.

■ 从 [cóng 총]

  「~(으로)부터」의 뜻을 나타내는 전치사이다.

  他 从 中 国 去 了 日 本。
  Tā cóng Zhōngguó qù le Rìběn.
  「그는 중국으로부터 일본에 갔다」
  (그는 중국에서 일본으로 갔다)

어법교실

我 从 现 在 开 始 不 抽 烟 了。
Wǒ cóng xiànzài kāishǐ bù chōu yān le.
「나는 지금부터 담배를 피우지 않겠다」

■ 到 [dào 따오]

「~에」라는 전치사로, 많이 쓰이는 문형으로는 '到+장소+来[去]「~에 오다[가다]」'가 있다.

他 到 中 国 去 了。
Tā dào Zhōngguó qù le.
「그는 중국에 갔다」

他 到 韩 国 来 了。
Tā dào Hánguó lái le.
「그는 한국에 왔다」

'到'는 '从 ~ 到 ··· 来[去]「~로부터 ···에 오다[가다]」'와 같이 '从'하고도 자주 같이 쓰인다.

他 从 中 国 到 韩 国 来 了。
Tā cóng Zhōngguó dào Hánguó lái le.
「그는 중국으로부터 한국에 왔다」

■ 给 [gěi 게이]

「~에게 ···해주다」라는 뜻의 전치사이다.

他 给 我 买 了 机 票。
Tā gěi wǒ mǎi le jī piào.
「그는 나에게 비행기표를 사 주었다」

我 给 你 打 电 话。
Wǒ gěi nǐ dǎ diànhuà.
「나는 너에게 전화를 걸겠다」

회화

A : 王先生在哪儿?
　　Wáng xiānsheng zài nǎr?
　　(왕 시엔 성 짜이 나 얼)

왕 선생은 어디에 있습니까?

B : 他在公司。
　　Tā zài gōngsī.
　　(타 짜이 꿍 쓰)

그는 회사에 있습니다.

A : 他在公司干什么?
　　Tā zài gōngsī gàn shénme?
　　(타 짜이 꿍 쓰 간 선 머)

그는 회사에서 무엇을 합니까?

B : 他在公司班公。
　　Tā zài gōngsī bàngōng.
　　(타 짜이 꿍 쓰 빤 꿍)

그는 회사에서 사무를 봅니다.

- 王先生　Wáng xiānsheng : 왕 선생
- 干什么(做什么)　gàn shénme(zuò shénme) : 무엇을 하느냐?
- 班公　bàngōng : 사무를 보다

♣ 만리장성 ♣

'달에서 보이는 유일한 건축물' 만리장성은 진시황이 중국을 통일한 후 30만의 군사와 수백만의 농민을 징발하여 건축을 시작하였다. 현재의 장성은 명나라 때 쌓은 것이다. 장성과 관련해서 중국인들이 많이 인용하는 것이 毛泽东(Máozédōng)의 시에 나오는 '不到长城非好汉. Bú dào Chángchéng fēi hǎohàn. 「만리장성에 오르지 않으면 사내 대장부가 아니다」'이다. 누구나 장성에 오르면 그 규모에 입을 다물지 못하게 된다.

연 습

1. 빈칸을 중국어의 한자 · 병음 · 뜻으로 각각 메우시오.

한자	병음	뜻
睡觉		
		~(으로)부터
	zài	
		~에게 …해주다
生意		
	zuò	
工作		
	jīpiào	
		~에
		사무를 보다
干什么		
	kāishǐ	

2. 우리말을 중국어로 옮기시오.

⑴ 그는 학교에서 음악을 듣습니다.
⑵ 나는 회사에서[로부터] 비행장[공항 (飞)机场 (fēi)jīchǎng]으로 갔습니다.
⑶ 그는 텔레비전을 보고 있습니다.
⑷ 그는 나에게 책을 보여 주었습니다.

해답 2. ⑴ 他在学校听音乐。 ⑵ 我从公司到机场去了。 ⑶ 他在看电视。 ⑷ 他给我看了书

他有汽车。

그는 자동차가 있습니다.

학습목표

- 주어 + 有 + 소유사물
  ⇨ ~을 소유하고 있다

- 주어 + 在 + 장소
  ⇨ ~에 있다

기 본 문 형	신출어휘

1. 他 有 汽 车。
   타 여우 치 처
   Tā yǒu qìchē.
   그는 자동차가 있습니다.

2. 我 没 有 钱。
   워 메이 여우 치엔
   Wǒ méiyǒu qián.
   나는 돈이 없습니다.

3. 他 在 哪 儿?
   타 짜이 나 얼
   Tā zài nǎr?
   그는 어디에 있습니까?

◇有
yǒu
「있다, 존재하다」

◇汽车
qìchē
「자동차」

| 기 본 문 형 | 신출어휘 |

4. 妈　妈　不　在　家。
   　마　　마　　부　짜이　지아
   Māma　bú　zài　jiā.
   어머니는 집에 계시지 않습니다.

◇ 妈妈
　māma
　「어머니」
◇ 家
　jiā
　「집」

5. 你　有　照　相　机　吗？
   　니　여우　짜오　샹　지　마
   Nǐ　yǒu　zhàoxiàngjī　ma?
   당신은 사진기가 있습니까?

◇ 照相机
　zhàoxiàngjī
　「사진기」

6. 他　没　在　公　司　吃　饭。
   　타　메이　짜이　꿍　쓰　츠　판
   Tā　méi　zài　gōngsī　chī　fàn.
   그는 회사에서 밥을 먹지 않았습니다.

| 어법교실 | ■ 동사 有와 在 |

'有'는 소유동사이고 '在'는 존재동사이다. 그러므로 '有' 뒤에는 소유하고 있는 사물을 나타내야 하며, '在' 뒤에는 존재하는 장소를 나타내야 한다. '在'의 부정은 '不在', '没在'이나, '有'의 부정은 오로지 '没有' 뿐이다. '有'의 부정을 '不有'라고 쓰지 않도록 주의하여야 한다.

A + { 有 + B(소유사물)　「~을 소유하고 있다」
(주어)　 在 + B(장소)　　「~에 있다」

他有汽车。

그는 자동차가 있습니다.

학습목표

- 주어 + 有 + 소유사물
  ⇨ ~을 소유하고 있다

- 주어 + 在 + 장소
  ⇨ ~에 있다

기 본 문 형	신출어휘

타 여우 치 처
1. 他 有 汽 车。
   Tā yǒu qìchē.
   그는 자동차가 있습니다.

◇有
yǒu
「있다, 존재하다」

◇汽车
qìchē
「자동차」

워 메이 여우 치엔
2. 我 没 有 钱。
   Wǒ méiyǒu qián.
   나는 돈이 없습니다.

타 짜이 나 얼
3. 他 在 哪 儿?
   Tā zài nǎr?
   그는 어디에 있습니까?

기본문형 / 신출어휘

4. 妈妈不在家。
   Māma bú zài jiā.
   어머니는 집에 계시지 않습니다.

◇ 妈妈
mā ma
「어머니」

◇ 家
jiā
「집」

5. 你有照相机吗?
   Nǐ yǒu zhàoxiàngjī ma?
   당신은 사진기가 있습니까?

◇ 照相机
zhàoxiàngjī
「사진기」

6. 他没在公司吃饭。
   Tā méi zài gōngsī chī fàn.
   그는 회사에서 밥을 먹지 않았습니다.

어법교실

■ 동사 有와 在

'有'는 소유동사이고 '在'는 존재동사이다. 그러므로 '有' 뒤에는 소유하고 있는 사물을 나타내야 하며, '在' 뒤에는 존재하는 장소를 나타내야 한다. '在'의 부정은 '不在', '没在'이나, '有'의 부정은 오로지 '没有'뿐이다. '有'의 부정을 '不有'라고 쓰지 않도록 주의하여야 한다.

A + { 有 + B(소유사물)   「~을 소유하고 있다」
(주어) { 在 + B(장소)   「~에 있다」

13. 他有汽车

회화

A: 张 先生 在 哪儿?
   Zhāng xiānsheng zài nǎr?
   짱 시엔성   짜이 나얼

장 선생은 어디에 계십니까?

B: 他 今天 出差 去 了。
   Tā jīntiān chūchāi qù le.
   타 진티엔 추차이 취 러

그는 오늘 출장을 갔습니다.

A: 那么, 你 现在 有没
   Nàme, nǐ xiànzài yǒuméi
   나머, 니 시엔짜이 여우메이

   有 时间?
   yǒu shíjiān?
   여우 스지엔

그럼, 당신은 지금 시간 있습니까, 없습니까?

B: 对不起, 我 现在 很
   Duìbùqǐ, wǒ xiànzài hěn
   뚜이부치, 워 시엔짜이 헌

   忙。
   máng.
   망

미안합니다, 저는 지금 매우 바쁩니다.

- 张先生 Zhāng xiānsheng : 장 선생
- 出差 chūchāi : 출장
- 那么 nàme : 그럼, 그렇게
- 现在 xiànzài : 지금
- 时间 shíjiān : 시간
- 对不起 duìbùqǐ : 미안합니다
- 忙 máng : 바쁘다

연 습

1. 빈칸을 중국어의 한자·병음·뜻으로 각각 메우시오.

한자	병음	뜻
		자동차
	shíjiān	
照相机		
		집
现在		
	chūchāi	
对不起		
		그럼, 그렇게
	qián	

2. 우리말을 중국어로 옮기시오.

(1) 나는 지금 시간이 없습니다.
(2) 그는 회사에 있습니다.
(3) 우리 집에는 중국 술이 있습니다.
(4) 당신은 그곳에서 무엇을 합니까?

해답 2. (1) 我现在没有时间。 (2) 他在公司。 (3) 我家有中国酒。
(4) 你在那儿干什么？

 你比他高吗?

당신은 (키가) 그보다 큽니까?

학습목표

- A 比 B ~
  ⇒ A는 B보다 ~하다

- A 跟 B 一样 ~
  ⇒ A는 B와 똑같이 ~하다

기 본 문 형 / 신출어휘

1. 你 比 他 高 吗?
   니 비 타 까오 마
   Nǐ bǐ tā gāo ma?

   당신은 (키가) 그보다 큽니까?

◇比 (비교)
bǐ
「~보다」

2. 我 不 比 他 高。
   워 뿌 비 타 까오
   Wǒ bù bǐ tā gāo.

   저는 그보다 크지 않습니다.

3. 你 比 他 矮 吗?
   니 비 타 아이 마
   Nǐ bǐ tā ǎi ma?

   당신은 그보다 작습니까?

| 기 본 문 형 | 신출어휘 |

4. 我 不 比 他 矮。
   Wǒ bù bǐ tā ǎi.
   저는 그보다 작지 않습니다.

5. 那么, 你 跟 他 一 样 高 吗?
   Nàme, nǐ gēn tā yíyàng gāo ma?
   그럼, 당신은 그와 똑같이 큽니까?

   ◇ A 跟 B 一样 ~
   gēn yíyàng
   「A는 B와 똑같이 ~하다」

6. 是, 我 跟 他 一 样 高。
   Shì, wǒ gēn tā yíyàng gāo.
   그렇습니다. 저는 그와 똑같이 큽니다.

7. 真 的 吗?
   Zhēnde ma?
   정말입니까?

   ◇ 真的
   zhēnde
   「정말로, 참말로」

8. 不 信 你 问 他。
   Bú xìn nǐ wèn tā.
   믿지 못하면 그에게 물어보십시오.

   ◇ 信
   xìn
   「믿다」

   ◇ 问
   wèn
   「묻다」

어법교실

■ 比 [bǐ 비]

「~보다」라는 뜻의 비교사로서, 비교하는 두 주체 사이에 놓이며 그 뒤에 비교된 결과를 나타낸다.

또 '比较[bǐjiào]'는 「비교적」이라는 뜻으로 비교된 것을 나타낸다.

他 比 我 大。
Tā bǐ wǒ dà.
「그는 나보다 연상이다」

我 比 较 快。
Wǒ bǐjiào kuài.
「내가 비교적 빠르다」

他 比 较 喜 欢 看 电 影。
Tā bǐjiào xǐhuān kàn diànyǐng.
「그는 비교적 영화 보는 것을 좋아한다」

■ 跟 ~ 一样

「~와 같다」라는 뜻이다.

我 跟 他 一 样。「나는 그와 (똑)같다」
Wǒ gēn tā yíyàng.

무엇이 같은가를 나타낼 때에는 뒤에서 서술한다.

我 跟 他 一 样 在 补 习 班 学 中 国 话。
Wǒ gēn tā yíyàng zài bǔxíbān xué Zhōngguóhuà.
「나는 그와 마찬가지로 학원에서 중국어를 배운다」

■ 정도를 나타내는 有

이때의 '有'는 통상적으로 숫자 앞에 놓인다.

他 来 中 国 已 经 有 三 年 了。
Tā lái Zhōngguó yǐjīng yǒu sān nián le.
「그는 중국에 온 지 이미 3년 정도 되었다」

汉江有三百米宽。
Hànjiāng yǒu sān bǎi mǐ kuān.
「한강의 넓이는 한 300미터쯤 된다」

단문연구

王 先 生 来 韩 国 没 几 天, 就 去 补 习 班
Wáng xiānsheng lái Hánguó méi jǐ tiān, jiù qù bǔxíbān

学 韩 国 话。 他 的 韩 国 话 一 天 比 一 天
xué Hánguóhuà. Tā de Hánguóhuà yìtiān bǐ yìtiān

好, 现 在 跟 他 的 韩 国 朋 友 一 样, 每 天 都
hǎo, xiànzài gēn tā de Hánguó péngyou yíyàng, měitiān dōu.

说 韩 国 话。
shuō Hánguóhuà.

- 几天　jǐtiān : 며칠
- 就　jiù : 곧, 바로
- 补习班　bǔxíbān : 학원
- 一天比一天　yìtiān bǐ yìtiān : 나날이
   他的中国话一天比一天好。
  「그의 중국어는 나날이 좋아진다」
  [참고]　一年比一年　yìnián bǐ yìnián : 해를 거듭할수록
  他的个子一年比一年高。
  「그의 키는 해가 갈수록 크다」 *个子[gèzi] 꺼즈] 키
- 朋友　péngyou : 친구
- 每天　měitiān : 매일

【해석】 왕 선생은 한국에 온 지 며칠 안돼 곧 한국어를 배우러 학원에 갔다. 그의 한국어는 나날이 좋아져 지금은 그의 한국 친구와 마찬가지로 매일 (모두) 한국어로 말한다.

14. 你比他高吗? 87

연 습

1. 빈칸을 중국어의 한자 · 병음 · 뜻으로 각각 메우시오.

한자	병음	뜻
补习班		
	yǐjīng	
		비교적
朋友		
	wèn	
		~보다
		미터, 쌀
个子		
	kuān	
年		
		매일
	bǎi	

2. 우리말을 중국어로 옮기시오.

(1) 그의 키는 1미터 정도 됩니다.
(2) 여름은 가을보다 덥습니다.
(3) 나는 비교적 술 마시는 것을 좋아합니다.
(4) 당신은 그보다 뚱뚱합니다.
(5) 이것은 저것보다 비쌉니다.
(6) 그녀는 나날이 아름다워집니다.

해답 2. (1) 他的个子有一米高。 (2) 夏天比秋天热。 (3) 我比较喜欢喝酒。 (4) 你比他胖。 (5) 这个比那个贵。 (6) 她一天比一天漂亮。

15 你在干什么?
당신은 무엇을 하고 계십니까?

학습목표

- 在 + 동사(진행)
- 동사 + 着(지속)
- 동사 + 着 + 동사술어
  (지속 상태에서 또 다른 동작을 행함)

기 본 문 형 / 신출어휘

1. 你 在 干 什 么?
   니 짜이 깐 션 머
   Nǐ zài gànshénme?
   당신은 무엇을 하고 계십니까?

2. 我 在 洗 衣 服。
   워 짜이 시 이 푸
   Wǒ zài xǐ yīfu.
   나는 빨래하고 있습니다.

   ◇洗衣服
   xǐ yīfu
   「빨래하다」

3. 很 累 吧?
   헌 레이 바
   Hěn lèi ba?
   매우 힘드시지요?

   ◇吧 (어미조사)
   ba
   「~지요?(의문)」

| 기 본 문 형 | 신출어휘 |

4. 不累，我洗着衣服听音乐。
   Bú lèi, wǒ xǐ zhe yīfu tīng yīnyuè.
   아니오, 저는 빨래하면서 음악을 듣습니다.

◇ 着
zhe
「동사 뒤에서 지속을 의미하는 조사」

5. 你太太呢？
   Nǐ tàitai ne?
   당신 부인은요?

◇ 呢 (어미조사)
ne
「~는요?(의문)」

6. 她在厨房做菜。
   Tā zài chúfáng zuò cài.
   그녀는 부엌에서 음식을 만들고 있습니다.

◇ 厨房
chúfáng
「부엌」

◇ 菜
cài
「음식, 요리, 반찬」

7. 她在做什么菜？
   Tā zài zuò shénme cài?
   그녀는 무슨 음식을 만들고 있습니까?

8. 她在做中国菜。
   Tā zài zuò Zhōngguó cài.
   그녀는 중국 음식을 만들고 있습니다.

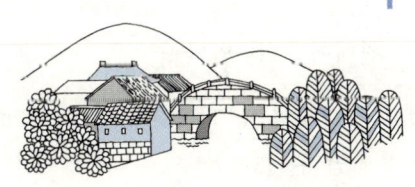

> **어법 교실**

■ 진행형

하나의 동작이 진행되고 있는 것을 나타내려고 할 때 사용되는 표현 방법에는 여러 가지가 있다. 그중에서 가장 많이 쓰이는 것은 다음과 같다.

① 在 + 동사 ~ (呢)

他 在 吃 饭 (呢)。
Tā zài chī fàn (ne).
「그는 밥을 먹고 있다」

② 正 + 동사 ~ (呢)

他 正 吃 饭 (呢)。
Tā zhèng chī fàn (ne).
「그는 밥을 먹고 있다」

③ 正在 + 동사 ~ (呢) ← 특히 강조할 때

他 正 在 吃 饭 (呢)。
Tā zhèngzài chī fàn (ne).
「그는 마침 밥을 먹고 있다」

■ 지속형

하나의 동작이 시작되어 지속성을 가질 때에는 '동사+着'의 표현 방법을 쓴다.

我 在 椅 子 上 坐 着。
Wǒ zài yǐzi shàng zuò zhe.
「나는 의자에 앉아 있다」

他 在 床 上 躺 着。
Tā zài chuángshàng tǎng zhe.
「그는 침대에 누워 있다」

지속된 상태에서 또 다른 동작을 행할 때에는 그 뒤에 동사 술어를 붙이면 된다.

어법교실

我 在 椅 子 上 **坐 着 吃** 饭。
Wǒ zài yǐzi shàng zuò zhe chī fàn.
「나는 의자에 앉은 상태에서 밥을 먹는다」

他 在 床 上 **躺 着 看** 报。
Tā zài chuáng shàng tǎng zhe kàn bào.
「그는 침대에 누운 채로 신문을 본다」

진행과 지속을 동시에 표현할 때에는 '**在**+동사+**着**'의 문형을 사용하면 된다.

他 **在 吃 着** 饭 呢。 「그는 밥을 먹고 있다」
Tā zài chī zhe fàn ne.

■**吧** [ba 바]

어미조사로서 「~해라」「~하자」라는 뜻으로 쓰이나, 추측의 의문조사로 쓰일 때에는 「~지요?」라는 뜻이 된다.

你 走 **吧**。 「너는 가라」
Nǐ zǒu ba.

我 们 走 **吧**。 「우리 갑시다」
Wǒmen zǒu ba.

你 是 中 国 人 **吧**? 「당신은 중국인이죠?」
Nǐ shì Zhōngguórén ba?

■**呢** [ne 너]

어미조사로서 진행·지속·어기(語氣) 등의 의미로 쓰이나, 의문형에서는 「~지요?」라는 뜻으로 쓰이고, 말을 돌려 물을 때에는 「~는요?」라는 뜻으로 쓰인다.

他 为 什 么 生 气 了 **呢**? 「그는 왜 화가 났지요?」
Tā wèishénme shēngqì le ne?

我 不 去, 你 **呢**? 「나는 안 가요. 당신은요?」
Wǒ bú qù, nǐ ne?

단문연구

李先生喜欢吃着饭看报。他太太问
Lǐ xiānsheng xǐhuǎn chī zhe fàn kàn bào. Tā tàitai wèn

他说：「你为什么喜欢一面吃饭一面
tā shuō: 「Nǐ wèishénme xǐhuān yímiàn chī fàn yímiàn

看报呢？」李先生说：「我在上班的时
kàn bào ne?」 Lǐ xiānsheng shuō: 「Wǒ zài shàngbān de shí

候没有时间看报，现在不看就没有时
hou méiyǒu shíjiān kàn bào, xiànzài bú kàn jiù méiyǒu shí

间看了。」
jiān kàn le.」

- **李先生** Lǐ xiānsheng : 이 선생
- **一面~一面** yímiàn ~ yímiàn : 한편으로는 ~하고, 한편으로는 ~한다
  같은 시기에 두 가지 동작을 행할 때에는 '一边~一边 yìbiān ~ yìbiān'이라고도 한다.
  例 他一面吃饭一面看电视。
  「그는 한편으로는 밥을 먹고, 한편으로는 텔레비전을 본다」
  王先生一边骑自行车，一边看书。
  「왕 선생은 한편으로는 자전거를 타고, 한편으로는 책을 본다」
  *骑 qí : 타다(자전거·말·오토바이 등 한쪽 다리를 넘겨서 타는 것)
  *自行车 zìxíngchē : 자전거
- **~的时候** de shíhou : ~일 때, ~할 때

【해석】 이 선생은 밥을 먹으면서 신문 보는 것을 좋아한다. 그의 부인이 그에게 「당신은 왜 밥 먹으면서 신문 보는 것을 좋아하지요?」라고 물었더니 이 선생은 「회사에 출근해서 일할 때에는 신문 볼 시간이 없어서 지금 안 보면 볼 시간이 없어」라고 말했다.

연 습

1. 빈칸을 중국어의 한자 · 병음 · 뜻으로 각각 메우시오.

한자	병음	뜻
	tàitai	
菜		
		~는요?(의문)
椅子		
		~일 때
	tǎng	
		앉다
自行车		
	zhe	
床		
		빨래하다
	bào	
厨房		

2. 우리말을 중국어로 옮기시오.

(1) 나는 음악을 들으면서 글씨를 씁니다.
(2) 그는 마침 텔레비전을 보고 있습니다.
(3) 김 선생은 누워서 책을 봅니다.
(4) 당신도 그를 좋아하지요?
(5) 그는 한편으로는 일을 하고, 한편으로는 신문을 봅니다.
(6) 이 선생은 왜 가지 않습니까?

해답 2. (1)我听着音乐写字。 (2)他正在看电视呢。 (3)金先生躺着看书。 (4)你也喜欢他吧? (5)他一面做事一面看报。 (6)李先生为什么不去?

总经理叫你去的吗?
사장님이 당신에게 가라고 했습니까?

학습목표

- **사역문**「~으로 하여금 …하도록 하다」
  ⇨ 주어 + 사역사 + 행동자[물] + 동사술어
- **피동문**「~에게 …당하다」
  ⇨ 주어 + 피동사 + 행동자[물] + 동사술어

기 본 문 형 / 신출어휘

1. 쫑 징 리 쟈오 니 취 더 마
   总经理叫你去的吗?
   Zǒngjīnglǐ jiào nǐ qù de ma?
   사장님이 당신에게 가라고 했습니까?

   ◇ **叫**(사동사)
   jiào
   「~하게 하다, 시키다(피동사로도 쓰임)」

2. 부 스 스 뿌 장 쟈오 워 취 더
   不是,是部长叫我去的。
   Bú shì, shì bùzhǎng jiào wǒ qù de.
   아니오, 부장님이 저에게 가라고 했습니다.

   ◇ **部长**
   bùzhǎng
   「부장」

3. 스 칭 빤 하오 러 마
   事情办好了吗?
   Shìqing bàn hǎo le ma?
   일은 잘 처리했습니까?

   ◇ **事情**
   shìqing
   「일」

   ◇ **办**
   bàn
   「(일을)처리하다」

16. 总经理叫你去的吗? 95

기본문형 / 신출어휘

4. 我 被 他 们 骗 了。
   Wǒ bèi tāmen piàn le.
   (워 뻬이 타먼 피엔 러)
   저는 그들에게 속았습니다.

   ◇被 (피동사)
   bèi
   「(~에게) 당하다, ~되다」

   ◇骗
   piàn
   「속이다」

5. 怎 么 回 事?
   Zěnme huíshì?
   (쩐 머 후에이 스)
   어찌 된 일입니까?

   ◇怎么回事
   zěnme huíshì
   「어찌 된 일이냐?」

6. 他 们 拿 了 钱 就 跑 了。
   Tāmen ná le qián jiù pǎo le.
   (타먼 나 러 치엔 지우 파오 러)
   그들이 돈을 가지고 도망쳤습니다.

   ◇拿
   ná
   「(손에) 들다, 가지다」

7. 你 没 追 他 们 吗?
   Nǐ méi zhuī tāmen ma?
   (니 메이 쭈에이 타먼 마)
   당신은 그들을 뒤쫓지 않았습니까?

   ◇追
   zhuī
   「추적하다, 쫓다」

8. 没 有, 我 放 弃 了。
   Méiyǒu, wǒ fàngqì le.
   (메이 여우 워 팡 치 러)
   아니오, 저는 포기했습니다.

   ◇没有
   méiyǒu
   「아니오」

   ◇放弃
   fàngqì
   「포기하다」

어법교실

■ 사역문

사역문이란 문장 속에 '叫', '让', '使' 등의 사역사를 사용하여 「~에게 …하게 하다」라는 사역의 뜻을 나타내는 문장을 말한다.

사역사 중에서 '叫'는 「시키다」라는 뜻이 강하며, '让'은 「양해하다」는 뜻 외에 많은 사람이 무엇을 호소할 때 쓰이며, '使'는 어떤 일에 대한 느낌을 나타낼 때 많이 쓰인다.

我 叫 他 学 中 国 话 了。
Wǒ jiào tā xué Zhōngguóhuà le.
「나는 그에게 중국어를 배우라고 했다」

爸 爸 让 我 去 旅 行 了。
Bàba ràng wǒ qù lǚxíng le.
「아빠는 내가 여행가는 것을 허락하셨다」
→「아빠는 나에게 여행을 가라고 하셨다」

让 我 们 一 起 去 吧!
Ràng wǒmen yìqǐ qù ba!
「우리 함께 가게 해주십시오!」
→「우리들로 하여금 함께 갈 수 있게 해 주십시오!」

他 的 事 使 我 很 难 过。
Tā de shì shǐ wǒ hěn nánguò.
「그의 일은 나로 하여금 매우 슬프게 한다」

■ 피동문

피동문이란 문장 속에 '被', '叫' 등의 피동사를 사용해 「~에게 …당하다」라는 피동의 뜻을 나타내는 문장을 말한다. 위에서도 설명했듯이 '叫'는 사역을 나타낼 때에도 사용된다. 사역을 나타내는 것인지 피동을 나타내는 것인지 문장을 끝까지 살피는 것이 중요하다.

16. 总经理叫你去的吗?　97

어법교실

我 的 录 音 机 **被** 妹 妹 弄 坏 了。
Wǒ de　　lùyīnjī　　bèi　mèimei　nònghuài le.
「나의 녹음기가 누이동생에 의해 못쓰게 되었다」

我 的 录 音 机 **叫** 妹 妹 弄 坏 了。
Wǒ de　　lùyīnjī　　jiào　mèimei　nònghuài le.
「나의 녹음기가 누이동생에 의해 못쓰게 되었다」

昨 天 爸 爸 叫 我 在 家 念 书, 我 没 听 话,
Zuótiān　bàba　jiào　wǒ　zài　jiā　niànshū,　wǒ　méi　tīnghuà,

在 公 园 玩 了 一 天, 结 果 被 爸 爸 发 现。
zài　gōngyuán　wán　le　yìtiān,　jiéguǒ　bèi　　bàba　fāxiàn.

爸 爸 非 常 生 气, 不 让 我 吃 饭, 使 我 饿 着
Bàba　fēicháng　shēngqì,　bú　ràng　wǒ　chī　fàn,　shǐ　wǒ　è　zhe

肚 子 睡 觉 了。
dùzi　shuìjiào　le.

- 听话　tīnghuà : 말을 듣다
- 公园　gōngyuán : 공원
- 玩　wán : 놀다, 놀이를 하다
- 一天　yìtiān : 낮 동안, 하루종일, 어느 날
- 结果　jiéguǒ : 결국, 결과
- 发现　fāxiàn : 발견하다, 나타나다
- 饿　è : 배고프다, 굶주리다
- 肚子　dùzi : 배

【해석】 어제 아버님께서 저에게 집에서 공부하라고 하셨는데, 저는 말을 듣지 않고 하루종일 공원에서 놀았습니다. 결국 아버님께 들켰습니다. 아버님은 대단히 화가 나셔서 저에게 밥을 못 먹게 해, 저는 배를 곯은 채 잠을 잤습니다.

연 습

1. 빈칸을 중국어의 한자 · 병음 · 뜻으로 각각 메우시오.

한자	병음	뜻
		어찌 된 일이냐?
放弃		
	shìqing	
		함께
难过		
	gōngyuán	
		여행
肚子		
	zhuī	
办		
		도망치다, 달리다
	bùzhǎng	
骗		

2. 우리말을 중국어로 옮기시오.

(1) 어머니는 나에게 텔레비전을 보라고 하셨습니다.
(2) 그는 나에게 오지 말라고 했습니다.
(3) 나는 친구에게 맞았습니다.
(4) 미스 리는 나에게 그녀와 함께 여행 가자고 했습니다.
(5) 그는 호랑이[老虎 lǎohǔ]에게 먹혔습니다.
(6) 사장님께서 저에게 중국어를 배우라고 하셨습니다.

해답 **2.** (1) 妈妈让我看电视了。 (2) 他叫我不要来。 (3) 我被朋友打了。 (4) 李小姐叫我跟她一起去旅行。 (5) 他被老虎吃了。 (6) 总经理叫我学中国话。

一个星期有几天?
일주일에는 몇 일이 있습니까?

학습목표

수의 단위
零, 个, 十, 百, 千, 万, 亿, 兆

기본문형 / 신출어휘

1. 一个星期有几天?
   이 거 싱 치 여우 지 티엔
   Yí ge xīngqī yǒu jǐ tiān?
   일주일에는 몇 일이 있습니까?

2. 一个星期有七天。
   이 거 싱 치 여우 치 티엔
   Yí ge xīngqī yǒu qī tiān.
   일주일에는 7일이 있습니다.

3. 一年有多少天?
   이 니엔 여우 뚜오 샤오 티엔
   Yì nián yǒu duōshǎo tiān?
   일년에는 몇 일이 있습니까?

4. 一年有三百六十五天。
   이 니엔 여우 싼 바이 류 스 우 티엔
   Yì nián yǒu sānbǎi liùshíwǔ tiān.
   일년에는 365일이 있습니다.

◇一个
 yi ge
 「하나, 어떤」

◇星期(礼拜)
 xīngqī
 「요일, 주(일)」

◇几
 jǐ
 「몇」

◇天
 tiān
 「날, 일」

◇七
 qī
 「7」

◇年
 nián
 「년, 해」

◇多少
 duōshǎo
 「얼마, 몇」

◇三百六十五
 sānbǎi liùshíwǔ
 「365」

기 본 문 형 / 신 출 어 휘

5. 一 个 小 时 是 几 分 钟？
   　이　거　샤오　스　스　지　펀　중
   Yí ge xiǎoshí shì jǐ fēn zhōng?
   한 시간은 몇 분입니까?

◇小时
xiǎoshí
「시간(1시간, 2시간…등과 같이 시간을 셀 때 쓰는 말)」

6. 一 个 小 时 是 六 十 分 钟。
   　이　거　샤오　스　스　류　스　펀　중
   Yí ge xiǎoshí shì liùshí fēn zhōng.
   한 시간은 60분입니다.

◇分(钟)
fēn(zhōng)
「분」

◇六十
liùshí
「60」

7. 一 个 月 有 几 天？
   　이　거　위에　여우　지　티엔
   Yí ge yuè yǒu jǐ tiān?
   한 달에는 몇 일이 있습니까?

◇月
yuè
「월, 달」

8. 一 个 月 有 三 十 天。
   　이　거　위에　여우　싼　스　티엔
   Yí ge yuè yǒu sānshí tiān.
   한 달에는 30일이 있습니다.

◇三十
sānshí
「30」

17. 一个星期有几天? 101

어법교실

■ **수를 나타내는 방법**

중국어에 있어서 수(數)는 크게 기수·서수·갯수 등 3가지로 구분되고, 10진법에 의해서 수효를 계산한다.

수를 나타내는 방법은 1~99까지는 우리말과 같고, 100 이상이 되면 그 표현 방법이 약간 다르다.

1	一 _이	yī	30	三十 _{싼 스}	sānshí
2	二 _얼	èr	40	四十 _{쓰 스}	sìshí
3	三 _싼	sān	50	五十 _{우 스}	wǔshí
4	四 _쓰	sì	60	六十 _{리우 스}	liùshí
5	五 _우	wǔ	70	七十 _{치 스}	qīshí
6	六 _{리우}	liù	80	八十 _{빠 스}	bāshí
7	七 _치	qī	90	九十 _{지우 스}	jiǔshí
8	八 _빠	bā	100	一百 _{이 바이}	yìbǎi
9	九 _{지우}	jiǔ	1000	一千 _{이 치엔}	yìqiān
10	十 _스	shí	10000	一万 _{이 완}	yíwàn
11	十一 _{스 이}	shíyī	천만	一千万 _{이 치엔 완}	yìqiānwàn
20	二十 _{얼 스}	èrshí	일억	一亿 _{이 이}	yíyì
21	二十一 _{얼 스 이}	èrshíyī	일조	一兆 _{이 자오}	yízhào
22	二十二 _{얼 스 얼}	èrshí'èr	0	零 _링	líng

어법교실

■ 二와 两

수사 중에서 '二'는 '两[liǎng 량]'이라는 수사로 표시하기도 한다. '二'와 '两'은 비록 똑같은 수를 나타내지만, 그 용법에 있어서는 차이점이 있다.

① 기수와 서수에서는 '二'를 사용한다.

一, 二, 三, 四, ……, 十二, ……, 二十, 二十一
第一, 第二, 第三, ……, 第十二

② 갯수를 표시할 때에는 단단위일 경우 반드시 '两'을 사용해야 하고, 10단위가 되면 다시 '二'로 환원해야 한다.

一个, 两个, 三个, ……, 十二个, ……, 二十个

③ 기수와 서수를 막론하고 10단위, 10만 단위, 10억 단위에서는 반드시 '二'를 사용해야 하고, 그 나머지 단위에서는 '二'나 '两' 둘 중의 아무것이나 사용해도 된다(단, '二'로 표기해도 발음은 일반적으로 '两 량'이라고 한다).

2	→	二
12	→	(一)十二
20	→	二十
22	→	二十二
120	→	一百二(十)
200	→	二百, 两百
220	→	二百二(十)
		两百二(十)
250	→	二百五(十)
		两百五(十)
1280	→	一千二百八(十)
		一千两百八(十)

어법교실

212352 → 二十一万二千三百五十二
　　　　　二十一万两千三百五十二
28227 → 二万八千二百二十七, 二万八千两百二十七
　　　　　两万八千二百二十七, 两万八千两百二十七

■ 一과 零

100단위 이상일 때에는 단위 앞의 수가 '1'이라도 반드시 읽어야 하고, 뒤가 모두 '0'일 때에는 뒤의 단위를 생략해도 된다 (단, '两'으로 끝날 때에는 제외). 수 중간에 '0'이 있을 때에는 몇 개가 붙어 있어도 '零' 한번만 읽으면 되고, 따로따로 떨어져 중간에 있을 때에는 모두 읽어야 된다.

10	→	(一)十
100	→	一百
1000	→	一千
10000	→	一万
102	→	一百零二
1002	→	一千零二
1020	→	一千零二十
1200	→	一千二(百)
		一千两百
50205	→	五万零二百零五
		五万零两百零五
25000	→	二万五(千)
		两万五(千)
50220	→	五万零二百二(十)
		五万零两百二(十)
20005	→	二万零五
		两万零五

년(年)·월(月)·일(日)·요일(星期〈礼拜〉)

1 년(年)

재재작년	大前年 (따 치엔 니엔)	dàqiánnián
재작년	前年 (치엔 니엔)	qiánnián
작년	去年 (취 니엔)	qùnián
금년	今年 (진 니엔)	jīnnián
내년	明年 (밍 니엔)	míngnián
내후년	后年 (허우 니엔)	hòunián
내내후년	大后年 (따 허우 니엔)	dàhòunián
20년 전	二十年前 (얼 스 니엔 치엔)	èrshínián qián
10년 전	十年前 (스 니엔 치엔)	shínián qián
5년 후	五年后 (우 니엔 허우)	wǔnián hòu
15년 후	十五年后 (스 우 니엔 허우)	shíwǔnián hòu
1999년	一九九九年 (이 지우 지우 지우 니엔)	yī jiǔ jiǔ jiǔ nián
다음해	第二年 (띠 얼 니엔)	dì'èrnián
2년	两年 (량 니엔)	liǎng nián

第 二 年 他 来 了 吗?　→　第 二 年 他 来 了。
Dì'èrnián tā lái le ma?　　　Dì'èrnián tā lái le.
「다음해에 그는 왔습니까?」　　「다음해에 그는 왔습니다」

你 等 了 几 年?　→　我 等 了 两 年。
Nǐ děng le jǐ nián?　　Wǒ děng le liǎng nián.
「당신들은 몇 년 기다렸습니까?」　「우리들은 2년 기다렸습니다」

多 少 年 (以) 前?　→　二 十 年 (以) 前。
Duōshǎonián (yǐ) qián?　　Èrshínián (yǐ) qián.
「몇 년 전입니까?」　　　「20년 전입니다」

哪 一 年 的 事?　→　一 九 八 八 年 的 事。
Nǎ yì nián de shì?　　Yī jiǔ bā bā nián de shì.
「어느 해의 일입니까?」　　「1988년의 일입니다」

2 월(月)

지지난달	上上个月 (상 상 거 위에)	shàngshàngge yuè
지난달	上个月 (상 거 위에)	shàngge yuè
이번달	这个月(本 月) (쩌 거 위에 번 위에)	zhège yuè(běnyuè)
다음달	下个月 (시아 거 위에)	xiàge yuè
다다음달	下下个月 (시아 시아 거 위에)	xiàxiàge yuè
2월	二月 (얼 위에)	èryuè
두 달	两个月 (량 거 위에)	liǎng ge yuè
두번째 달	第二个月 (띠 얼 거 위에)	dì'èr ge yuè

这个月是几月? → 这个月是二月。
Zhè ge yuè shì jǐ yuè?   Zhè ge yuè shì èryuè.
「이달은 몇 월입니까?」 「이달은 2월입니다」

你学了几个月? → 我学了两个月。
Nǐ xué le jǐ ge yuè?   Wǒ xué le liǎng ge yuè.
「당신은 몇 달 배웠습니까?」 「저는 두 달 배웠습니다」

第二个月怎么样? → 第二个月很好。
Dì'èr ge yuè zěnmeyàng?   Dì'èr ge yuè hěn hǎo.
「두번째 달은 어떻습니까?」 「두번째 달은 매우 좋습니다」

3 일(天·号·日)

그끄저께	따 치엔 티엔 大 前 天	dàqiántiān
그저께	치엔 티엔 前 天	qiántiān
어제	쭤 티엔 昨 天	zuótiān
오늘	진 티엔 今 天	jīntiān
내일	밍 티엔 明 天	míngtiān
모레	허우 티엔 后 天	hòutiān
글피	따 허우 티엔 大 后 天	dàhòutiān
10월 2일	스 위에 얼 하오 르 十 月 二 号(日)	shíyuè èr hào(rì)
이틀	량 티엔 两 天	liǎng tiān
다음날	띠 얼 티엔 第 二 天	dì'èrtiān
35번	싼 스 우 하오 三 十 五 号	sānshíwǔ hào

第 二 天 他 去 了 吗? → 第 二 天 他 没 去。
Dì'èrtiān tā qù le ma?　　　Dì'èrtiān tā méi qù.
「다음날 그는 갔습니까?」　　「다음날 그는 가지 않았습니다」

你 来 这 儿 有 几 天 了? → 我 来 这 儿 有 两 天 了。
Nǐ lái zhèr yǒu jǐ tiān le?　Wǒ lái zhèr yǒu liǎng tiān le.
「당신은 이곳에 온 지 며칠　　「저는 이곳에 온 지 이틀 되었
되었습니까?」　　　　　　　습니다」

今 天 (是) 几 号? → 今 天 (是) 二 号。
Jīntiān (shì) jǐ hào?　　　Jīntiān (shì) èr hào.
「오늘은 몇 일입니까?」　　「오늘은 2일입니다」

明 天 不 是 十 二 号 吗? → 明 天 不 是 十 二 号。
Míngtiān bú shì shí'èr hào ma?　Míngtiān bú shì shí'èr hào.
「내일은 12일이 아닙니까?」　「내일은 12일이 아닙니다」

※ 달력의 날짜를 나타낼 때에는 '号'나 '日'을 써야 하며, 긍정문일 때에는 '是'를 생략해도 되고 번호를 나타낼 때에는 '号'를 사용해야 한다.

4 요일(星期·礼拜)

일요일	星期天(日)	xīngqītiān(rì)
월요일	星期一	xīngqīyī
화요일	星期二	xīngqī'èr
수요일	星期三	xīngqīsān
목요일	星期四	xīngqīsì
금요일	星期五	xīngqīwǔ
토요일	星期六	xīngqīliù

한국어	중국어	병음
지지난주	上上个星期 (상상거싱치)	shàngshàngge xīngqī
지난주	上个星期 (상거싱치)	shàngge xīngqī
이번주	这个星期 (쩌거싱치)	zhège xīngqī
다음주	下个星期 (시아거싱치)	xiàge xīngqī
다다음주	下下个星期 (시아시아거싱치)	xiàxiàge xīngqī
2주	两个星期 (량거싱치)	liǎng ge xīngqī
두번째 주	第二个星期 (띠얼거싱치)	dì'èr ge xīngqī

今天(是)星期几? → 今天(是)星期二。
Jīntiān (shì) xīngqī jǐ?   Jīntiān (shì) xīngqī'èr.
「오늘은 무슨 요일입니까?」   「오늘은 화요일입니다」

去几个星期? → 去两个星期。
Qù jǐ ge xīngqī?   Qù liǎng ge xīngqī.
「몇 주 (동안) 갑니까?」   「2주 갑니다」

后天(是)星期二吗? → 后天不是星期二。
Hòutiān (shì) xīngqī'èr ma?   Hòutiān bú shì xīngqī'èr.
「모레는 화요일입니까?」   「모레는 화요일이 아닙니다」

※ '一'은 본래 제1성이나 제4성자 앞에서는 제2성, 나머지 1, 2, 3성자 앞에서는 제4성으로 발음한다.

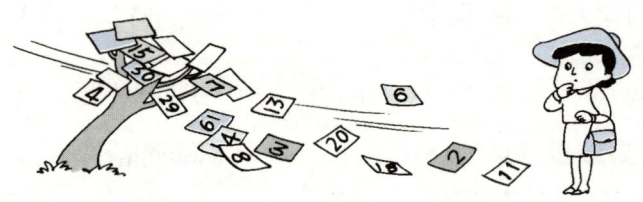

시간 및 기타 단위

시간	小时 (샤오스)	xiǎoshí	mm	毫米 (하오미)	háomǐ
시	点 (띠엔)	diǎn	mile	英里 (잉리)	yīnglǐ
분	分 (펀)	fēn	kg	公斤 (꽁진)	gōngjīn
초	秒 (먀오)	miǎo	l	(公)升 (꽁성)	(gōng)shēng
km	公里 (꽁리)	gōnglǐ	근	斤 (진)	jīn
m	米(公尺) (미꽁츠)	mǐ(gōngchǐ)	척	尺 (츠)	chǐ
cm	公分 (꽁펀)	gōngfēn	치	寸 (춘)	cùn

1시 → 一 点(钟)
　　　yì diǎn (zhōng)

2시 → 两 点(钟)
　　　liǎng diǎn (zhōng)

3시 → 三 点(钟)
　　　sān diǎn (zhōng)

2시 5분 → 两 点 五 分
　　　　　liǎng diǎn wǔ fēn

2시 20분 58초 → 两 点 二 十 分 五 十 八 秒
　　　　　　　　liǎng diǎn èrshí fēn wǔshíbā miǎo

2시간 → 两 个 小 时
　　　　liǎng ge xiǎoshí

5시 5분 전 → 差 五 分 五 点
　　　　　　　chà wǔ fēn wǔ diǎn

※ 15분을 '一刻', 30분을 '半', 45분을 '三刻' 라고도 한다.

2시 15분 → 两 点 十 五 分　　= 两 点 一 刻
　　　　　　liǎng diǎn shíwǔ fēn　　liǎng diǎn yí kè

2시 30분 → 两点三十分 = 两点半
　　　　　　liǎng diǎn sānshí fēn　　liǎng diǎn bàn

2시 45분 → 两点四十五分 = 两点三刻
　　　　　　liǎng diǎn sìshíwǔ fēn　　liǎng diǎn sān kè

단문연구

一年有三百六十五天，一个月有三
Yì nián yǒu sānbǎi liùshíwǔ tiān, yí ge yuè yǒu sān

十天，一个星期有七天，一天是二十四
shí tiān, yí ge xīngqī yǒu qī tiān, yì tiān shì èrshísì

个小时，一个小时是六十分钟，一分钟
ge xiǎoshí, yí ge xiǎoshí shì liùshí fēn zhōng, yì fēn zhōng

是六十秒钟。
shì liùshí miǎo zhōng.

【해석】 1년에는 365일이 있고, 한달에는 30일, 1주일에는 7일이 있으며, 하루는 24시간, 한 시간은 60분, 1분은 60초이다.

중국어 산책

♣ 손가락으로 나타내는 수 세는 법 ♣

1에서 5는 집게손가락부터 순서대로 세워가서 맨마지막에 엄지를 세웁니다. 6은 엄지와 새끼손가락을 세우고, 7은 집게손가락과 가운뎃손가락 끝을 가지런히 해서 엄지 끝에 붙이고, 8은 엄지와 집게손가락을 펴서 권총처럼 합니다. 또 9는 집게손가락을 낚싯바늘 형태로 해서 내고, 10은 가운뎃손가락을 집게손가락 위에 포개어 폅니다.

연 습

1. 빈칸을 중국어의 한자·병음·뜻으로 각각 메우시오.

한자	병음	뜻
小时		
		화요일
	èrshí'èr	
		모레
	duōshǎo	
上个星期		
		다음달
星期六		
	qiántiān	
一兆		
		90
	miǎo	
公里		

2. 우리말을 중국어로 옮기시오.

(1) 오늘은 2월 2일 화요일입니다.
(2) 지금 몇 시입니까?
(3) 2시에 오십시오.
(4) 제 키는 1m 75cm입니다.
(5) 520,202
(6) 40,005

해답) 2. 2。(1) 今天是二月二日星期二。(2) 现在(是)几点(钟)？ (3) 两点(钟)来吧。(4) 我的个子是一米七十五公分。(혹은 一百七十五公分) (5) 五十二万零两(혹은 二)百零二。(6) 四万零五。

 **你有几枝笔?**

당신은 펜이 몇 자루 있습니까?

학습목표

명양사(名量詞) : 수사 + 양사 + 명사
동양사(動量詞) : 동사 + 수사 + 양사

기 본 문 형 / 신출어휘

1. 你 有 几 枝 笔?
   니 여우 지 즈 비
   Nǐ yǒu jǐ zhī bǐ?
   당신은 펜이 몇 자루 있습니까?

◇ 枝
   zhī
   「자루(가늘고 긴 물건의 양사)」

◇ 笔
   bǐ
   「펜」

2. 我 有 两 枝 笔。
   워 여우 량 즈 비
   Wǒ yǒu liǎng zhī bǐ.
   나는 두 자루 있습니다.

3. 一 枝 几 块 钱?
   이 즈 지 콰이 치엔
   Yì zhī jǐ kuài qián?
   한 자루에 몇 원입니까?

◇ 块
   kuài
   「금전 표시의 양사」

4. 一 枝 二 十 块 钱。
   이 즈 얼 스 콰이 치엔
   Yì zhī èrshí kuài qián.
   한 자루에 20원입니다.

기본문형 / 신출어휘

5. 借我用一次好不好?
   지에 워 용 이 츠 하오 뿌 하오
   Jiè wǒ yòng yí cì hǎo bù hǎo?
   한번만 쓰게 빌려주십시오, 좋습니까?

   ◇ 用
   yòng
   「쓰다, 사용하다」

   ◇ 次
   cì
   「~번(동양사)」

6. 好,你拿去用吧。
   하오 니 나 취 용 바
   Hǎo, nǐ ná qù yòng ba.
   좋습니다, 가져가 쓰십시오.

7. 谢谢你。
   시에 시에 니
   Xièxie nǐ.
   고맙습니다.

   ◇ 谢谢
   xièxie
   「고맙습니다, 감사합니다」

8. 不客气。
   부 커 치
   Bú kèqì.
   별말씀을.

   ◇ 不客气
   bú kèqì
   「별말씀, 사양하지 마십시오」

어법
교실

■ **양사**(量詞)

　양사란 사람·물건·동작 따위를 수량으로 계산할 때 쓰이는 말로, 명양사(名量詞)는 사람이나 물건의 단위를 표시하는 것이고, 동양사(動量詞)는 동작의 횟수를 표시하는 말이다.

▷ 많이 쓰이는 명양사

종이·책상 등	张	zhāng	三张纸「종이 석 장」
책류	本	běn	一本书「책 한 권」
그림 등	幅	fú	一幅画「그림 한 폭」
사람, 분의 뜻	位	wèi	两位老师「선생님 두 분」
옷·일 등	件	jiàn	一件衣服「옷 하나」
가늘고 긴 물건	枝	zhī	两枝香烟「담배 두 개비」
의자·우산 등	把	bǎ	一把伞「우산 한 자루」
꽃	朵	duǒ	一朵花「꽃 한 송이」
편지 등	封	fēng	一封信「편지 한 통」
노래·시 등	首	shǒu	一首诗「시 한 수」
학교·집 등	所	suǒ	两所学校「학교 2개교」
배·개·쥐 등	只	zhī	一只船「배 한 척」
소 등	头	tóu	一头牛「소 한 마리」

어법교실

나무 등	棵 kē (커)	一棵树「나무 한 그루」
우물 등	口 kǒu (커우)	一口井「우물 하나」
길·뱀·강 등	条 tiáo (탸오)	四条鱼「물고기 네 마리」
별·콩 등	颗 kē (커)	一颗豆子「콩 한 알」
차(자동차) 등	辆 liàng (량)	两辆车「차 두 대」
모자 등	顶 dǐng (띵)	一顶帽子「모자 한 개」
비행기 등	架 jià (지아)	一架飞机「비행기 한 대」
말 등	匹 pī (피)	三匹马「말 3필」
돌·돈 등	块 kuài (콰이)	一块钱「1원」
신발·양말 등	双 shuāng (솽)	一双鞋「신발 한 켤레」
방 등	间 jiān (지엔)	一间卧室「침실 한 칸」
신문 등	份 fèn (펀)	一份报「신문 한 부」
세트(set)	套 tào (타오)	一套沙发「소파 한 세트」

▷ **동양사**

횟수를 뜻하는 말	次 cì (츠) 回 huí (후이) 遍 biàn (비엔) 下 xià (시아)
왕복 횟수를 뜻하는 말	趟 tàng (탕)

> **어법교실**

看 了 一 次 「한번 봤다」
kàn le yí cì

扫 了 一 遍 「한번 쓸었다」
sǎo le yí biàn

来 了 一 回 「한번 왔다」
lái le yí huí

打 了 一 下 「한번 때렸다」
dǎ le yí xià

走 了 一 趟 「한번 갔다 왔다」
zǒu le yí tàng

■一点儿·一会儿·一些의 차이

'一点儿'은 「조금(물질)」, '一会儿'은 「잠시(시간)」, '一些'는 「약간(부정량)」의 뜻을 나타낸다.

吃 了 一 点 儿 「조금 먹었다」
chī le yìdiǎnr

睡 了 一 会 儿 「잠시 잤다」
shuì le yíhuìr

买 了 一 些 「약간 샀다」
mǎi le yì xiē

참고 儿化韵(아화운) : 단어 끝에 '儿 er'가 붙어서 변화하는 음절을 말한다. 예를 들어, '点儿'는 '点[diǎn 띠엔]+儿[èr 얼]'이지만 '儿' 발음이 앞 자에 흡수되어 한 음, 즉 '点儿[diǎr 띠얼]'로 발음되는 현상을 말한다.

단문연구

我 昨 天 在 市 场 买 了 一 双 鞋, 两 套 衣
Wǒ zuótiān zài shìchǎng mǎi le yì shuāng xié, liǎng tào yī

服 和 一 些 装 饰 品, 妈 妈 看 了 说：「真 是
fu hé yì xiē zhuāngshì pǐn, māma kàn le shuō : 「Zhēn shì

太 好 看 了！一 共 多 少 钱 买 的？」 我 说
tài hǎokàn le! Yígòng duōshǎo qián mǎi de?」 Wǒ shuō

:「一 共 是 八 万 五 千 块 钱。」妈 妈 说：「真
: 「Yígòng shì bāwàn wǔqiān kuài qián.」 Māma shuō : 「Zhēn

便 宜, 也 给 你 姐 姐 买 一 些 吧。」因 此, 我
piányi, yě gěi nǐ jiějie mǎi yì xiē ba.」 Yīncǐ, wǒ

又 跟 妈 妈 到 市 场 去 了。
yòu gēn māma dào shìchǎng qù le.

- **市场** shìchǎng : 시장
- **和** hé : ~와
- **装饰品** zhuāngshìpǐn : 장식품
- **一共** yígòng : 모두(합계)
- **姐姐** jiějie : 누나, 언니
- **因此** yīncǐ : 그래서, 그러므로
- **又** yòu : 또
- **到~去** dào~qù : ~에 가다

【해석】 나는 어제 시장에서 신발 한 켤레, 옷 두 벌과 약간의 장식품을 샀다. 어머님이 보시고 말씀하셨다.「정말 너무 예쁘다! 모두 얼마 주고 산 것이니?」나는「모두 합해서 85,000원입니다.」라고 말씀드렸더니, 어머님은「징밀 싸구나. 너의 언니에게도 좀 사주자.」라고 하셔서, 나는 또 어머님과 시상에 갔다.

연 습

1. 빈칸을 중국어의 한자 · 병음 · 뜻으로 각각 메우시오.

한자	병음	뜻
不客气		
	jiějie	
		감사합니다
枝		
		돈의 양사
	shìchǎng	
		자동차의 양사
张		
	yígòng	
次		
		쓰다, 사용하다
	bǐ	
因此		

2. 우리말을 중국어로 옮기시오.

　(1) 저는 어제 책 한 권을 샀습니다.
　(2) 이 신발은 얼마입니까?
　(3) 당신은 돈을 얼마나 가지고 있습니까?
　(4) 모두 합쳐서 5만 원입니다.
　(5) 이거 얼마입니까?
　(6) 너무 비쌉니다. 조금 싸게 해주십시오.

> **해답**　**2.** (1) 我昨天买了一本书。(2) 这双鞋多少钱？(3) 你有多少钱？(4) 一共(是)五万块钱。(5) 这个(是)多少钱？(6) 太贵了, 便宜一点儿吧。

 # 我不是中国人，是韩国人。

나는 중국 사람이 아니라 한국 사람입니다.

학습목표

관용구
- 不是~是… ⇒ 「~이 아니라 …이다」
- 又~又… ⇒ 「~이기도 하고, …이기도 하다」

기 본 문 형 / 신출어휘

1. 　워　부　스　쯍궈런　스　한궈런
   我 不 是 中国人, 是 韩国人。
   Wǒ bú shì Zhōngguórén, shì Hánguórén.
   나는 중국 사람이 아니라 한국 사람입니다.

   ◇不是~是…
   bú shì shì
   「~이 아니라 …이다」

2. 　쩌　거　여우　따　여우　하오　츠
   这 个 又 大 又 好 吃。
   Zhè ge yòu dà yòu hǎochī.
   이것은 크고도 맛있습니다.

   ◇又~又…
   yòu yòu
   「~이기도 하고, …이기도 하다」

3. 　나　거　쑤이란　헌　하오　딴　스　타이꾸에이
   那 个 虽然 很 好, 但是 太 贵。
   Nà ge suīrán hěn hǎo, dànshì tài guì.
   저것은 비록 매우 좋으나 너무 비쌉니다.

   ◇虽然~但是…
   suīrán dànshì
   「비록~
   그러나…」

4. 　인　웨이　티엔　치　러　쑤오이　워　부　취
   因 为 天 气 热, 所 以 我 不 去。
   Yīnwèi tiānqì rè, suǒyǐ wǒ bú qù.
   날씨가 덥기 때문에 가지 않습니다.

   ◇因为‥所以…
   yīnwèi suǒyǐ
   「~때문에
   그래서…」

기본문형 / 신출어휘

5. 除了李先生以外,
   Chúle Lǐ xiānsheng yǐwài,
   이 선생을 제외하고는

   别的人都去了。
   Biéde rén dōu qù le.
   다른 사람은 모두 갔습니다.

   ◇ 除了~以外
   chúle yǐwài
   「~을 제외하고」

   ◇ 别(的)人
   bié(de) rén
   「다른 사람」

6. 他连吃饭也忘了。
   Tā lián chī fàn yě wàng le.
   그는 밥 먹는 것조차도 잊었습니다.

   ◇ 连~也
   lián yě
   「~조차도」

   ◇ 忘
   wàng
   「잊다」

7. 王小姐不但是歌星,
   Wáng xiǎojiě búdàn shì gēxīng,
   미스 왕은 가수일 뿐만 아니라,

   而且也是影星。
   érqiě yě shì yǐngxīng.
   영화배우이기도 합니다.

   ◇ 不但~而且…
   búdàn érqiě
   「~뿐만 아니라 또한…」

   ◇ 歌星
   gēxīng
   「가수(star)」

   ◇ 影星
   yǐngxīng
   「영화배우(star)」

8. 中国话越学越有意思。
   Zhōngguóhuà yuè xué yuè yǒuyìsi.
   중국어는 배울수록 재미있습니다.

   ◇ 越~越…
   yuè yuè
   「~일수록[할수록]
   …하다」

   ◇ 有意思
   yǒuyìsi
   「재미있다」

어법교실

■관용구

중국어의 관용구는 일종의 접속사로서 하나의 틀을 형성해 사용하기 편하게 되어 있다. 그러므로 관용구를 잘 사용하면 비교적 긴 문장도 쉽게 구사할 수 있다.

본문에서 거론한 것 외에도 아래와 같이 자주 쓰이는 관용구들이 있다.

① 从~开始 「~부터(시작)」

我 从 明 年 开 始 学 韩 国 话。
Wǒ cóng míngnián kāishǐ xué Hánguóhuà.
「나는 내년부터 한국어를 배운다」

② 一~就… 「~하자마자 곧 …, ~하기만 하면 …」

他 一 吃 就 死 了。
Tā yì chī jiù sǐ le.
「그는 먹자마자 죽었다」

他 一 赌 博 就 不 睡 觉。
Tā yì dǔbó jiù bú shuìjiào.
「그는 도박만 하면 잠을 자지 않는다」

③ 好像~似的 「마치 ~ 같다」

他 好 像 中 国 人 似 的 行 动。
Tā hǎoxiàng Zhōngguórén side xíngdòng.
「그는 마치 중국 사람같이 행동한다」

④ 就是~也 「~일지라도, ~라 해도」

就 是 天 气 不 好 也 一 定 要 去。
Jiù shì tiānqì bù hǎo yě yídìng yào qù.
「날씨가 좋지 않다고 해도 반드시 가야 한다」

⑤ 只要…就… 「단지 - 만 하면 …」

只 要 你 去, 问 题 就 解 决 了。
Zhǐyào nǐ qù, wèntí jiù jiějué le.
「당신이 가기만 하면 문제는 해결된다」

어법 교실

⑥ 非~不可 「~하지 않으면 안된다, 반드시 ~해야 한다」

他 非 去 美 国 不 可。
Tā fēi qù Měiguó bùkě.
「그는 미국에 가지 않으면 안된다」

⑦ 不是~就是… 「~ 아니면 …이다」

他 不 是 韩 国 人 就 是 日 本 人。
Tā bú shì Hánguórén jiù shì Rìběnrén.
「그는 한국 사람이 아니면 일본 사람이다」

중국어 산책

♣ '爱人'에게는 '你'나 '我'를 붙인다 ♣

중국어의 '爱人 àiren'은 아내 또는 남편을 뜻합니다. 자신의 아내[남편]이든지 남의 아내[남편]이든지 모두 '爱人'입니다. 다만, 반드시 '我爱人', '你爱人'과 같이 我와 你를 넣습니다. 또 아이가 있는 부부가 서로 '부를 때에는 '孩子他爸爸[妈妈] háizi tā bàba[māma]'라고 합니다. 이밖에 '你[我]那位 nǐ[wǒ]nà wèi'라는 호칭도 있습니다. 외국인의 경우에는 아내를 '夫人 fūrén', 남편을 '先生 xiānsheng'이라고 합니다.

단문연구

📖 李先生虽然是韩国人,但是他会说
　　Lǐ xiānsheng suīrán shì Hánguórén, dànshì tā huì shuō

中国话,常常跟中国人一起说中国话。
Zhōngguóhuà, chángcháng gēn Zhōngguórén yìqǐ shuō Zhōngguóhuà.

他从一九九一年开始学中国话,不但
Tā cóng yī jiǔ jiǔ yī nián kāishǐ xué Zhōngguóhuà, búdàn

发音好,四声也很标准,所以王先生说,
fāyīn hǎo, sìshēng yě hěn biāozhǔn, suǒyǐ Wáng xiānsheng shuō,

「李先生好像中国人似的说中国话。」
「Lǐ xiānsheng hǎoxiàng Zhōngguórén sìde shuō Zhōngguóhuà.」

- 常常　chángcháng : 늘
- 一起　yìqǐ : 같이[一同 ; 一块儿]
- 发音　fāyīn : 발음
- 四声　sìshēng : 사성
- 标准　biāozhǔn : 표준

【해석】 이 선생은 비록 한국인이지만 중국어를 할 줄 알아 늘 중국인과 같이 중국어로 말한다. 그는 1991년부터 중국어를 배웠는데 발음이 좋을 뿐 아니라 4성 또한 매우 정확(표준)해 왕 선생은 「이 선생은 마치 중국 사람처럼 중국어를 구사한다.」고 했다.

연 습

1. 빈칸을 중국어의 한자 · 병음 · 뜻으로 각각 메우시오.

	yīnwèi ~ suǒyǐ	
影星		
		~ 아니라 …이다
有意思		
		~을 제외하고
	búdàn ~ érqiě …	
		~조차도
赌博		
	yuè ~ yuè …	
别(的)人		
		비록 ~ 그러나 …
	yòu ~ yòu …	

2. 우리말을 중국어로 옮기시오.

　(1) 산은 높을수록 좋습니다.
　(2) 그는 중국어를 배울 뿐만 아니라 일본어도 배웁니다.
　(3) 나는 중국어를 배우지 않으면 안됩니다.
　(4) 그는 오자마자 갔습니다.
　(5) 그는 비록 중국 사람이지만, 중국 음식 먹는 것을 좋아하지 않습니다.
　(6) 너무 비싸기 때문에 사지 않았습니다.

> **해답** 2. (1) 山越高越好。　(2) 他不但学中国话, 而且也学日本话。
> (3) 我非学中国话不可。　(4) 他一来就走了。　(5) 他虽然是中国人, 但是不喜欢吃中国菜。　(6) 因为太贵, 所以没买。

他喝酒喝得多吗?

그는 술을 많이 마십니까?

학습목표

정도보어
- 긍정 : 동사 + 得 + 보어(정도를 나타낼 수 있는 형용사 등)
- 부정 : 동사 + 得 + 不 + 보어
- 긍정부정 : 동사 + 得 + (보어 + 不 + 보어)

기본문형 / 신출어휘

1. 他 喝 酒 喝 得 多 吗?
   Tā hē jiǔ hē de duō ma?
   그는 술을 많이 마십니까?

   ◇得
   de
   「정도를 나타내는 조사」

2. 他 喝 酒 喝 得 不 多。
   Tā hē jiǔ hē de bù duō.
   그는 술을 많이 마시지 않습니다.

3. 你 的 酒量 怎么 样?
   Nǐ de jiǔliàng zěnmeyàng?
   당신의 주량은 어떠하십니까?

   ◇酒量
   jiǔliàng
   「주량」

기본문형 / 신출어휘

4. 我的酒量也不太好。
   Wǒ de jiǔliàng yě bú tài hǎo.
   저의 주량은 그다지 좋지 않습니다.

5. 那么, 你抽烟抽得多不多?
   Nàme, nǐ chōu yān chōu de duō bù duō?
   그럼, 당신은 담배는 많이 피우십니까?

   ◇ 抽烟
   chōu yān
   「담배 피우다」

6. 我抽烟抽得很多。
   Wǒ chōu yān chōu de hěn duō.
   저는 담배는 매우 많이 피웁니다.

7. 一天抽几枝?
   Yì tiān chōu jǐ zhī?
   하루에 몇 개비 피웁니까?

8. 一天抽两包。
   Yì tiān chōu liǎng bāo.
   하루에 두 갑 피웁니다.

   ◇ 包
   bāo
   「갑(양사)」

■정도보어

> 어법
> 교실

동사나 형용사의 뜻을 보충하는 성분을 보어라 하고, 이 경우 동사나 형용사는 중심어가 되며, 보어는 중심어 뒤에 놓인다.

정도보어란 하나의 동작이 어느 정도에 도달하였는가 또는 어떤 결과에 이르렀나를 나타내기 위해 동사 뒤에 정도를 나타내는 말을 붙이는 것을 말한다. 이 경우 동작은 대개 이미 끝난 (끝났다고 가정된)동작이거나 혹은 흔히 발생하는 동작으로서, 그것이 바로 어느 정도에 도달했거나 또는 어떤 결과를 발생한 것에 한한다.

정도보어의 특징은 다음과 같다.

① 보어와 중심어의 사이를 '得'로 연결짓는다.

> 他 吃 得 少。
> Tā chī de shǎo.
> 「그는 적게 먹는다」

② 목적어가 있을 때, 동사를 반복한 다음 반복한 동사 뒤에 '得'와 보어를 덧붙인다.

> 他 吃 饭 吃 得 少。
> Tā chī fàn chī de shǎo.
> 「그는 밥을 적게 먹는다」

③ 부정문을 만들 경우 '不'를 보어 앞에 놓는다.

> 他 吃 得 不 少。
> Tā chī de bù shǎo.
> 「그는 적게 먹지 않는다」
>
> 他 吃 饭 吃 得 不 少。
> Tā chī fàn chī de bù shǎo.
> 「그는 밥을 적게 먹지 않는다」

④ 선택식의 의문문에시는 보어의 긍정형과 부정형을 같이 나열한다.

어법교실

他 吃 **得** 少 不 少?
Tā chī de shǎo bù shǎo?
「그는 적게 먹습니까, 그렇지 않습니까?」

他 吃 饭 吃 **得** 少 不 少?
Tā chī fàn chī de shǎo bù shǎo?
「그는 밥을 적게 먹습니까, 그렇지 않습니까?」

⑤ 중심어가 형용사일 때에는 부사도 보어로 쓰인다(단, 강조형으로 부정은 없음).

我 今 天 高 兴 **得** 很。
Wǒ jīntiān gāoxìng de hěn.
「나는 오늘 매우 기쁘다」

那 辆 汽 车 快 **得** 很。
Nà liàng qìchē kuài de hěn.
「저 자동차는 매우 빠르다」

중국어 산책

♣ 헤어질 때 인사 ♣

헤어질 때 인사 '再见。 Zài jiàn.'은 비교적 긴 이별에 많이 사용됩니다. 평소에 보통 많이 사용되고 있는 표현에는 '见' 앞에 다음에 만날 시간을 넣어서 '三点见! Sāndiǎn jiàn!「3시에 다시 만납시다!」', '下星期见! Xià xīngqī jiàn!「다음주에 다시 만납시다」' 와 같이 말합니다. 또 '见' 앞에 장소 이름을 넣어서 '在学校见! Zài xuéxiào jiàn!「학교에서 다시 만납시다!」', '在车站见! Zài chēzhàn jiàn!「그럼, 역에서 만납시다!」' 등도 많이 사용됩니다.

단문연구

金先生 说 中国 话 说 得 不 太 流利, 但
Jīn xiānsheng shuō Zhōngguóhuà shuō de bú tài liúlì, dàn

是 他 一 个 人 到 中 国 去 做 生 意, 并 且 在
shì tā yí ge rén dào Zhōngguó qù zuò shēngyi, bìngqiě zài

那 儿 交 了 许 多 中 国 朋 友。因 为 金 先 生
nàr jiāo le xǔduō Zhōngguó péngyou. Yīnwèi Jīn xiānsheng

每 天 都 跟 中 国 人 接 触, 所 以 在 一 个 月
měitiān dōu gēn Zhōngguórén jiēchù, suǒyǐ zài yí ge yuè

后, 他 的 中 国 话 比 以 前 好 得 多 了。
hòu, tā de Zhōngguóhuà bǐ yǐqián hǎo de duō le.

- 流利 liúlì : 유창하다
- 做生意 zuò shēngyi : 장사하다
- 并且 bìngqiě : 더욱이, 게다가, 더군다나
- 交 jiāo : 사귀다
- 许多 xǔduō : 많은, 많다
- 每天 měitiān : 매일
- 接触 jiēchù : 접촉하다

【해석】 김 선생은 중국어를 그다지 유창하게 하지 못하시만 혼자 장시하러 중국에 갔고, 또한 그곳에서 많은 중국 친구를 사귀었다. 김 선생은 매일 중국인과 접촉했기 때문에 한 달 후 그의 중국어는 예전보다 많이 좋아졌다.

연 습

1. 빈 칸을 중국어의 한자 · 병음 · 뜻으로 각각 메우시오.

高兴 _____

_____ _____ 개비(양사)

_____ qìchē _____

_____ _____ 사귀다

做生意 _____ _____

_____ xǔduō _____

_____ _____ 갑(양사)

酒量 _____ _____

_____ měitiān _____

_____ _____ 담배 피우다

接触 _____ _____

_____ bìngqiě _____

2. 우리말을 중국어로 옮기시오.

(1) 이 선생은 노래를 잘합니까?(*노래부르다 唱歌 chànggē)
(2) 그는 중국어를 매우 잘합니까?
(3) 당신은 많이 안 드십니까?
(4) 나는 그다지 빨리 뛰지 못합니다.
(5) 왕 선생은 술을 너무 많이 마십니다.
(6) 이것은 비싸게 산 것입니까, 아닙니까?

해답 **2.** (1) 李先生唱歌唱得好吗？ (2) 他说中国话说得好吗？ (3) 你吃得不多吗？ (4) 我跑得不太快。 (5) 王先生喝酒喝得太多。 (6) 这个买得贵不贵？

 我昨天看见他了。

나는 어제 그를 보았습니다.

학습목표

결과보어
- 동사 + 보어 (결과를 나타낼 수 있는 동사나 형용사)

기 본 문 형	신출어휘

1. 워 쭤 티엔 칸 지엔 타 러
   我 昨 天 看 见 他 了。
   Wǒ zuótiān kàn jiàn tā le.
   나는 어제 그를 보았습니다.

   ◇ 看见
   kàn jiàn
   「보다, 보이다」

2. 좌 쭈 타 러 마
   抓 住 他 了 吗?
   Zhuāzhù tā le ma?
   그를 잡았습니까?

   ◇ 抓住
   zhuāzhù
   「단단히 붙잡다, 체포하다」

3. 메이 여우 딴 스 워 쯔 따오
   没 有, 但 是 我 知 道
   Méiyǒu, dànshì wǒ zhīdào

   ◇ 知道
   zhīdào
   「알다」

   타 쭈 짜이 나 얼
   他 住 在 哪 儿。
   tā zhù zài nǎr.
   아니오, 그러나 지는 그가 어디에 살고 있는지 압니다.

   ◇ 住
   zhù
   「살다, 묵다」

| 기 본 문 형 | 신출어휘 |

4. 我们现在一起去吧!

워 먼 시엔 짜이 이 치 취 바

Wǒmen xiànzài yìqǐ qù ba!

우리 지금 함께 갑시다!

5. 不行,要先作好准备。

뿌 싱 야오 시엔 쭤 하오 쭌 뻬이

Bù xíng, yào xiān zuò hǎo zhǔnbèi.

안됩니다. 먼저 준비를 해놓아야 합니다.

6. 你真的能找到他的家吗?

니 쩐 더 넝 자오 따오 타 더 지아 마

Nǐ zhēnde néng zhǎo dào tā de jiā ma?

당신은 정말 그의 집을 찾을 수 있습니까?

7. 放心,没有问题。

팡 신 메이 여우 원 티

Fàngxīn, méiyǒu wèntí.

염려 마십시오, 문제없습니다.

8. 好,那么我们就动身吧。

하오 나 머 워 먼 지우 뚱 션 바

Hǎo, nàme wǒmen jiù dòngshēn ba.

좋습니다. 그럼 우리 즉시 출발합시다.

◇不行
bù xíng
「안된다」

◇先
xiān
「먼저, 우선」

◇作
zuò
「하다」

◇准备
zhǔnbèi
「준비」

◇找
zhǎo
「찾다」

◇到
dào
「목적의 달성」

◇放心
fàngxīn
「염려 놓다」

◇问题
wèntí
「문제」

◇动身
dòngshēn
「몸을 움직이다, 출발하다」

어법 교실

■ 결과보어

　동사 뒤에 놓여서 동작의 결과를 보충 설명하는 단어를 결과보어라 한다. 이와 같은 보어에 쓰이는 것은 동사일 경우도 있고 형용사일 경우도 있다. 자주 쓰이는 몇몇 결과보어를 설명하기로 한다.

① **见** : 보어로 쓰일 때에는 통상 '看'과 '听' 등 감각동작을 나타내는 동사 뒤에 놓인다. '看'이란 눈으로 「본다」는 뜻인데, 과연 '보였느냐, 보았는가' 하는 것은 나타나 있지 않으며, '看见'이라고 해야 비로소 「보였다」 「보았다」라는 뜻이 된다.

　　　　你 听 **见** 什 么 声 音 没 有?
　　　　Nǐ tīng jiàn shénme shēngyīn méiyǒu?
　　　　「당신 무슨 소리 듣지 못했습니까?」

② **完** : 동작의 완료를 뜻하는 이 보어는 동작을 완결했다는 의미로 쓰인다.

　　　　我 已 经 看 **完** 了 那 本 书。
　　　　Wǒ yǐjīng kàn wán le nà běn shū
　　　　「나는 이미 그 책을 다 보았다」

③ **好** : 결과보어로서의 '好'는 「~해 놓다」의 뜻으로, 결과의 완성, 혹은 만족성을 의미한다.

　　　　我 希 望 你 学 **好** 中 国 话。
　　　　Wǒ xīwàng nǐ xué hǎo Zhōngguóhuà.
　　　　「나는 당신이 중국어를 잘 배워 놓기를 바란다」

④ **在** : '在'는 사람이나 물건이 동작의 결과로서 어떤 일정한 장소에 존재하고 있는 것을 나타낸다.

　　　　我 住 **在** 这 里。
　　　　Wǒ zhù zài zhèli.
　　　　「나는 이곳에 살고 있다」

⑤ 到 : 결과보어로서의 '到'는 '목적의 달성', '장소의 도달'을 의미한다.

我 找 到 了 你 的 钱。
Wǒ zhǎo dào le nǐ de qián.
「나는 너의 돈을 찾았다」

⑥ 着 : '着'가 결과보어 구실을 할 때에는 동작이 이미 예기한 목적에 도달하였거나 이미 성과를 거두었다는 것을 의미한다. 즉, '획득'이나 '달성'과 같은 뜻을 가진다.

他 睡 着 了。
Tā shuì zháo le.
「그는 잠이 들었다」

⑦ 住 : 결과보어로서의 '住'는 어떤 동작에 의해서 목적물에 영향을 주어 그것을 어느 일정한 위치에 머무르게 한다는 뜻이다.

我 都 记 住 了。
Wǒ dōu jì zhù le.
「나는 모두 기억했다」

중국어 산책

♣ 친구끼리의 호칭 ♣

친구·동료 사이에서 '老'와 '小' 외에 자주 사용되는 호칭은 '王有才'와 같이 성과 이름만을 부르는 것입니다. 우리말에서는 반말이 되는데 중국어에서는 「~씨」라는 느낌입니다. 게다가 친해지면 성을 생략하고 '有才'가 됩니다. 이런 습관을 알아두지 않으면 중국에 가서 이름만을 들었을 때 반말하는 것으로 오해할 수도 있습니다.

단문연구

有一天，我在路上遇见了一个朋友，
Yǒu yì tiān wǒ zài lùshàng yù jiàn le yí ge péngyou,

因为很久没见，因此就一起到附近的
yīnwèi hěn jiǔ méi jiàn, yīncǐ jiù yìqǐ dào fùjìn de

公园去聊聊，我们坐在椅子上聊了很
gōngyuán qù liáoliao, wǒmen zuò zài yǐzi shàng liáo le hěn

久，后来又到饭馆去吃晚饭，直到晚上
jiǔ, hòulái yòu dào fànguǎn qù chī wǎnfàn, zhídào wǎnshàng

九点才分手告别。
jiǔ diǎn cái fēnshǒu gàobié.

- 路上　lùshàng : 길에서
- 遇见　yùjiàn : 우연히 만나다
- 久　jiǔ : 오래다, 시간이 길다
- 附近　fùjìn : 부근
- 聊(聊)　liáo(liao) : 이야기를 나누다
- 饭馆　fànguǎn : 음식점
- 晚饭　wǎnfàn : 저녁밥
- 直到　zhídào : ~에 이르러
- 晚上　wǎnshàng : 밤
- 才　cái : 비로소
- 分手　fēnshǒu : 헤어지다
- 告别　gàobié : 작별을 고하다

【해석】 어느날 나는 길에서 친구를 한 명 우연히 만났다. 매우 오랫동안 만나지 못했기 때문에 우리는 함께 근처에 있는 공원으로 가서 이야기를 나누었다. 우리는 의자 위에 앉아 매우 오랫동안 이야기를 나누었고, 후에는 또 음식점에 가서 저녁을 먹고 밤 9시가 되어서야 비로소 작별을 고했다.

연 습

1. 빈칸을 중국어의 한자 · 병음 · 뜻으로 각각 메우시오.

한자	병음	뜻
		이야기를 나누다
真的		
	zhǔnbèi	
		작별을 고하다
动身		
	xīwàng	
		비로소
直到		
	fànguǎn	
分手		
		염려 놓다
	wǎnshàng	
声音		

2. 우리말을 중국어로 옮기시오.

(1) 나는 한국에 삽니다.
(2) 그는 일을 다 마쳤습니다.
(3) 당신은 김 선생을 만났습니까?
(4) 우리는 어젯밤 12시까지 이야기를 나누었습니다.
(5) 모두 다 팔았습니다.
(6) 다 잘해 놓았습니다.

해답 **2.** (1) 我住在韩国。 (2) 他做完了工作。 (3) 你见到金先生了吗? (4) 我们昨天晚上聊到十二点钟。 (5) 都卖完了。 (6) 都做好了。

22 请大家站起来。

모두들 일어서 주십시오.

학습목표

방향보어
- 단순 방향보어 : 동사 + 보어(来·去)
- 복합 방향보어 : 동사 + 보어(起来·上来 등)

기본문형 / 신출어휘

1. 请大家站起来。
   Qǐng dàjiā zhàn qǐ lái.
   모두들 일어서 주십시오.

   ◇请
   qǐng
   「청하다」

   ◇站起来
   zhàn qǐ lái
   「일어서다」

2. 请坐下。
   Qǐng zuòxia.
   앉으십시오.

   ◇坐下
   zuòxia
   「앉다, 걸터앉다」

3. 这是谁拿来的?
   Zhè shì shéi nálai de?
   이것은 누가 가져온 것입니까?

   ◇拿来
   nálai
   「가져오다」

4. 那是李先生拿来的。
   Nà shì Lǐ xiānsheng nálai de.
   그것은 이 선생이 가져온 것입니다.

| 기 본 문 형 | 신출어휘 |

5. _이 以 _{허우}后 _칭请 _뿌不 _{야오}要 _나拿 _뚱东 _시西 _{라이}来。
   Yǐhòu qǐng búyào ná dōngxi lái.
   앞으로 물건을 가져오지 마십시오.

◇ 以后
   yǐhòu
   「이후, 앞으로」

6. _{셰이}谁 _{쩌우}走 _추出 _리礼 _탕堂 _취去 _러了?
   Shéi zǒu chū lǐtáng qù le?
   누가 강당 밖으로 (걸어)나갔습니까?

◇ 出
   chū
   「나가다」
◇ 礼堂
   lǐtáng
   「강당」

7. _스是 _쨩张 _{시엔}先 _성生。
   Shì Zhāng xiānsheng.
   장 선생입니다.

8. _{콰이}快 _취去 _칭请 _타他 _{후에이}回 _{라이}来。
   Kuài qù qǐng tā huílái.
   빨리 가서 돌아오시라고 (청)하십시오.

◇ 快
   kuài
   「빨리」
◇ 回来
   huílái
   「돌아오다」

어법교실

■ **방향보어**

방향보어란 동사 뒤에 붙어, 어떤 동작이 말하는 사람 또는 화제가 된 사물의 방향을 제시하는 것으로, 단순 방향보어와 복합 방향보어로 나눌 수 있다.

목적어가 있을 경우, 목적어는 동사와 보어 사이에 위치하는 것을 원칙으로 하나, 그 동작이 이미 완료되었고 목적어가 주어에 의해 움직일 수 있는 것이면 보어 뒤에 위치해도 된다.

① 단순 방향보어 : 동사 뒤에 '来'나 '去'가 붙어 사물의 방향을 제시한다.

他 要 搬 一 把 椅 子 来。
Tā yào bān yī bǎ yǐzi lái.
「그는 의자 하나를 옮겨 오려고 한다」

→他 搬 来 了 一 把 椅 子。
Tā bān lái le yī bǎ yǐzi.
「그는 의자 하나를 옮겨 왔다」

② 복합 방향보어 : 2음절의 보어, 즉

起来	qǐlái	「일어나다」
上来	shànglái	「올라오다」
上去	shàngqù	「올라가다」
下来	xiàlái	「내려오다」
下去	xiàqù	「내려가다」
出来	chūlái	「나오다」
出去	chūqù	「나가다」
进来	jìnlái	「들어오다」
进去	jìnqù	「들어가다」
回来	huílái	「돌아오다」
回去	huíqù	「돌아가다」

| 어법 교실 |

过来　guòlái　「(이동해) 건너오다」
过去　guòqù　「(이동해) 건너가다」

등이 해당된다.

我 的 朋 友 跑 **出 去** 了.
Wǒ de péngyou pǎo chūqù le.
「내 친구가 뛰어나갔다」

❸ 목적어가 있을 경우, 목적어는 보어와 보어 사이에 위치하는 것을 원칙으로 하며, 방향이 확실한 경우에는 '来'나 '去'를 생략할 수도 있다.

他 走 进 客 厅 来 了.
Tā zǒu jin kètīng lái le.
「그는 응접실로 걸어 들어왔다」

你 今 天 几 点 钟 回 家?
Nǐ jīntiān jǐ diǎn zhōng huí jiā?
「당신은 오늘 몇 시에 집에 돌아갑니까?」

※ 모든 방향보어는 발음을 약하게 한다.

♣ '高校'는 高校가 아니다 ♣

'高校 gāoxiào(高等学校 gāoděng xuéxiào)'는 고교가 아니라, 대학 수준의 고등교육 기관의 총칭입니다. 우리나라의 고교에 해당하는 것은 '高级中学 gāojí zhōngxué', 약자로는 '高中 gāozhōng'이라고 합니다. 또 중학에 해당하는 것은 '初级 chūjí'나 '初中 chūzhōng'입니다. '大学 dàxué'는 종합대학을 나타내고, 단과대학은 '大学'이 아니라 '学院 xuéyuàn'이라 부릅니다.

단문연구

李先生在家里无聊,因此就打电话
Lǐ xiānsheng zài jiā li wúliáo, yīncǐ jiù dǎ diànhuà
给他的朋友张先生,约好在图书馆里
gěi tā de péngyou Zhāng xiānsheng, yuē hǎo zài túshūguǎn li
见面。李先生走进图书馆大门,看见有
jiàn miàn. Lǐ xiānsheng zǒu jìn túshūguǎn dàmén, kàn jiàn yǒu
许多人在那儿排队,张先生也站在那
xǔduō rén zài nàr páiduì, Zhāng xiānsheng yě zhàn zài nà
里。因为来图书馆借书的人太多,因此
li. Yīnwèi lái túshūguǎn jiè shū de rén tài duō, yīncǐ
李先生就跟张先生一起回家去了。
Lǐ xiānsheng jiù gēn Zhāng xiānsheng yìqǐ huí jiā qù le.

- 无聊 wúliáo : 무료하다, 심심하다
- 打电话 dǎ diànhuà : 전화를 걸다
- 约好 yuē hǎo : 약속해 놓다
- 见面 jiàn miàn : 만나다
- 大门 dàmén : 대문
- 排队 páiduì : 줄을 서다

【해석】 이 선생은 집에 있기 무료해 친구 김 선생에게 전화해 도서관 앞에서 만나기로 약속했다. 이 선생은 도서관 대문을 들어서자 많은 사람이 그곳에 줄 서 있는 것을 보았고, 장 선생도 그곳에 서 있었다. 도서관에 책을 빌리러 온 사람이 너무 많았기 때문에 이 선생은 장 선생과 함께 집으로 돌아갔다.

연 습

1. 빈칸을 중국어의 한자 · 병음 · 뜻으로 각각 메우시오.

한자	병음	뜻
____	kètīng	____
____	____	청하다
站起来	____	____
____	____	옮기다
打电话	____	____
____	wúliáo	____
____	____	줄을 서다
礼堂	____	____
____	dàmén	____
见面	____	____
____	____	빌리다
____	túshūguǎn	____
大家	____	____

2. 우리말을 중국어로 옮기시오.

(1) 그는 집안으로 뛰어 들어갔습니다.
(2) 들어오십시오.
(3) 물건은 가져왔습니까?
(4) 저는 매일 밤 7시에 집에 돌아갑니다.
(5) 당신은 오늘 몇 시에 일어났습니까?
(6) 그는 혼자[自己 zìjǐ] 걸어 내려왔습니다.

해답 2. (1)他跑进家里去了。 (2)请进。 (3)东西拿来了吗？ (4)我每天晚上七点钟回家。 (5)你今天几点钟起来了？ (6)他自己走下来了。

你吃得完吗?
당신은 다 먹을 수 있습니까?

학습목표

가능보어
- 긍정 : 동사 + 得 + 보어(결과보어 등)
- 부정 : 동사 + 不 + 보어
- 긍정부정 : (동사+得+보어)+(동사+不+보어)

기본문형 / 신출어휘

1. 你 吃 得 完 吗?
   <small>니 츠 더 완 마</small>
   Nǐ chī de wán ma?
   당신은 다 먹을 수 있습니까?

   ◇得
   de
   「동사의 가능을 나타내는 조사」

   ◇完
   wán
   「동작의 완료를 나타내는 말」

2. 我 吃 不 完。
   <small>워 츠 뿌 완</small>
   Wǒ chī bù wán.
   저는 다 먹을 수 없습니다.

3. 他 呢?
   <small>타 너</small>
   Tā ne?
   그는요?

기 본 문 형 / 신출어휘

4. _{타 애 츠 뿌 완}
    他也吃不完。
    Tā yě chī bù wán.
    그도 다 먹을 수 없습니다.

5. _{나 머 셰이 넝 츠 더 완}
    那么,谁能吃得完?
    Nàme, shéi néng chī de wán?
    그럼, 누가 다 먹을 수 있습니까?

    ◇能
    néng
    「~할 수 있다, ~할 것이다」

6. _{진 시엔성 커넝 츠 더 완}
    金先生可能吃得完。
    Jīn xiānsheng kěnéng chī de wán.
    김 선생이 아마 다 먹을 수 있을 것 같습니다.

    ◇可能
    kěnéng
    「가능, 아마도 ~일 것이다」

7. _{니 샹 신 마}
    你相信吗?
    Nǐ xiāngxìn ma?
    믿습니까?

    ◇相信
    xiāngxìn
    「믿다」

8. _{워 샹 신}
    我相信。
    Wǒ xiāngxìn.
    믿습니다.

어법교실

■ **가능보어**

가능보어란 동작의 가능성을 나타내는 보어로서, 중심어와의 사이를 조사 '得'가 연결한다.

가능보어의 특징은 다음과 같다.

① 보어와 중심어의 사이를 '得'로 연결짓는다.

> 看 得 见 「보인다」
> kàn de jiàn
>
> 抓 得 住 「꽉 잡을 수 있다」
> zhuā de zhù

② 부정은 '得' 대신 그자리에 '不'를 바꾸어 쓰면 된다.

> 看 不 见 「안 보인다」
> kàn bú jiàn
>
> 抓 不 住 「잡을 수 없다」
> zhuā bú zhù

③ 목적어가 있을 경우

> 看 得 见 他 「그가 보인다」 ┐
> kàn de jiàn tā   │ 긍정
> 抓 得 住 他 的 手   │
> zhuā de zhù tā de shǒu   ┘
> 「그의 손을 잡을 수 있다」
>
> 看 不 见 他 「그가 안 보인다」 ┐
> kàn bú jiàn tā   │ 부정
> 抓 不 住 他 的 手   │
> zhuā bú zhù tā de shǒu   ┘
> 「그의 손을 잡을 수 없다」

④ 선택식의 의문문에서는 긍정·부정을 전체 병렬한다.

> 看 得 见 看 不 见? 「보입니까, 안 보입니까?」
> Kàn de jiàn kàn bú jiàn?
>
> 抓 得 住 抓 不 住?
> Zhuā de zhù zhuā bú zhù?
> 「잡을 수 있습니까, 없습니까?」

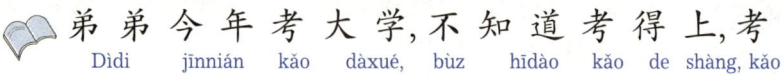

단문연구

弟弟今年考大学,不知道考得上,考不上。妈妈非常担心,每天晚上都睡不着觉。爸爸安慰妈妈说:「你不要担心,只要他努力用功,我相信一定能考得上的。」

Dìdi jīnnián kǎo dàxué, bùzhīdào kǎo de shàng, kǎo bú shàng. Māma fēicháng dānxīn, měitiān wǎnshàng dōu shuì bù zháo jiào. Bàba ānwèi māma shuō:「Nǐ búyào dānxīn, zhǐyào tā nǔlì yònggōng, wǒ xiāngxìn yídìng néng kǎo de shàng de.」

- 弟弟 dìdi : 동생
- 考 kǎo : 시험(치다)
- 考大学 kǎo dàxué : 대입시험을 치다
- 不知道 bù zhīdào : 모르다
- 担心 dānxīn : 걱정하다
- 安慰 ānwèi : 위로
- 努力 nǔlì : 노력(열심히)
- 用功 yònggōng : 열심히 공부하다

【해석】 남동생이 금년에 대입시험을 보는데, 붙을 수 있을지 없을지 모르겠다. 어머님은 대단히 걱정스러워 매일 밤 잠을 이루지 못해, 아버님이 어머님을 위로하며 말했다.「당신 너무 걱정하지 말아요. 그 녀석이 열심히 공부만 하면, 나는 반드시 대학에 붙으리라고 믿소.」

연 습

1. 빈칸을 중국어의 한자·병음·뜻으로 각각 메우시오.

相信 _____ _____ _____
_____ _____ _____ 대입시험을 치다
_____ nǔlì _____ _____
_____ _____ _____ 열심히 공부하다
担心 _____ _____ _____
_____ kěnéng _____ _____
_____ _____ _____ 동생
安慰 _____ _____ _____
_____ kǎo _____ _____

2. 우리말을 중국어로 옮기시오.

(1) 당신은 중국어를 잘 배울 수 없습니다.
(2) 나는 보입니다.
(3) 이 책은 이곳에서 살 수 없습니다.
(4) 다 마실 수 있습니까?
(5) 당신은 그 사람을 잡을 수 있습니까, 없습니까?
(6) 우리는 걸어서 그곳에 도달할 수 없습니다.

해답 2. (1) 你学不好中国话。 (2) 我看得见。 (3) 这本书在这里买不到。
(4) 喝得完吗？ (5) 你抓得住抓不住那个人。 (6) 我们走不到那里。

# 金先生一天工作几小时?

김 선생은 하루에 일을 몇 시간 합니까?

학습목표

시간보어
- 동사 + 시간보어
- 동사 + 목적어 + 같은 동사 반복 + 시간보어
- 동사 + 시간보어 + (的) + 목적어

기 본 문 형 / 신출어휘

1. 진 시엔 성 이 티엔 꿍 쭤 지 샤오 스
   金先生一天工作几小时?
   Jīn xiānsheng yì tiān gōngzuò jǐ xiǎoshí?
   김 선생은 하루에 일을 몇 시간 합니까?

2. 타 이 티엔 꿍 쭤 빠 샤오 스
   他一天工作八小时。
   Tā yì tiān gōngzuò bā xiǎoshí.
   그는 하루에 일을 8시간 합니다.

3. 니 쉬에 쫑 궈 화 쉬에 러 지 니엔
   你学中国话学了几年?
   Nǐ xué Zhōngguóhuà xué le jǐ nián?
   당신은 중국어를 몇 년 배우셨습니까?

기본문형 / 신출어휘

4. 我 学 了 两 年。
   워 쉬에 러 량 니엔
   Wǒ xué le liǎng nián.
   나는 2년 배웠습니다.

5. 每 天 学 几 个 小 时
   메이 티엔 쉬에 지 거 샤오 스
   Měitiān xué jǐ ge xiǎoshí
   (的) 中 国 话?
   더 쭝 궈 화
   (de) Zhōngguóhuà?
   매일 몇 시간 동안 중국어를 배웁니까?

6. 每 天 学 九 十 分 钟。
   메이 티엔 쉬에 지우 스 펀 중
   Měitiān xué jiǔshí fēn zhōng.
   매일 90분 배웁니다.

7. 你 一 年 有 几 天 假 期?
   니 이 니엔 여우 지 티엔 쟈 치
   Nǐ yì nián yǒu jǐ tiān jiàqī?
   당신은 일년에 휴가가 며칠 있습니까?

◇假期
 jiàqī
「쉬는 기간, 휴가」

8. 我 一 年 有 二 十 天 假 期。
   워 이 니엔 여우 얼 스 티엔 쟈 치
   Wǒ yì nián yǒu èrshí tiān jiàqī.
   저는 일년에 휴가가 20일 있습니다.

어법교실

■시간보어

시간보어란 동작의 진행과 상태의 지속이 얼마만큼의 시간이 소요되거나 차지하게 되거나 하는 것을 나타내는 보어이다.
시간보어의 특징은 다음과 같다.

① 시간을 나타내는 단어나 구를 보어로 쓴다.

他 昨 天 辛 苦 了 三(个)小 时。
Tā zuótiān xīnkǔ le sān (ge) xiǎoshí.
「그는 어제 3시간 수고[고생]했다」

我 一 个 月 休 息 八 天。
Wǒ yí ge yuè xiūxi bā tiān.
「나는 한 달에 8일 쉰다」

② 목적어가 있을 경우, 같은 동사를 다시 한번 반복한 다음 그 뒤에 시간을 나타내는 단어나 구를 놓는다.

我 今 天 打 棒 球 打 了 一(个)小 时。
Wǒ jīntiān dǎ bàngqiú dǎ le yì (ge) xiǎoshí.
「나는 오늘 야구를 한 시간 했다」

他 坐 飞 机 坐 了 十(个)小 时。
Tā zuò fēijī zuò le shí (ge) xiǎoshí.
「그는 비행기를 10시간 탔다」

③ 동사를 반복하지 않고 시간을 나타낼 때에는 단어나 구를 동사와 목적어 사이에 놓는다.

他 喝 了 三 天(的)酒。
Tā hē le sān tiān (de) jiǔ.
「그는 술을 사흘 마셨다」

李 先 生 每 天 读 两 个 小 时(的)书。
Lǐ xiānsheng měitiān dú liǎng ge xiǎoshí (de) shū.
「이 선생은 매일 책을 두 시간 읽는다」

어법교실

④ 부정할 때에는 동사 앞에 부정부사를 놓으면 된다.

他 没 喝 三 天(的)酒。
Tā méi hē sān tiān (de) jiǔ.
「그는 술을 사흘 마시지 않았다」

李 先 生 每 天 不 读 两 个 小 时(的)书。
Lǐ xiānsheng měitiān bù dú liǎng ge xiǎoshí (de) shū.
「이 선생은 매일 책을 두 시간 읽지 않는다」

중국어 산책

♣ 수화기를 들면 '你哪儿' ♣

우리나라에서는 전화를 받을 때 「예, ……입니다」라고 말하는데, 중국에서는 '喂 wèi 「여보세요」'라고만 말하든지 '你哪儿? Nǐ nǎr? 「어디십니까?」', '你找谁? Nǐ zhǎo shéi? 「누구를 찾으십니까?」「누구에게 볼일이 있습니까?」' 등으로 말하고, 먼저 자신을 밝히는 적은 좀처럼 없습니다. '你是……吗? 「그쪽은 ……입니까?」'라고 확인해도, '你哪儿?'라고 전화를 건 사람이 이름을 밝히기를 기다립니다.

단문연구

今年夏天，我利用一个星期的假期，跟全家人一起去海边避暑。我们从家里出发，开了三个小时的车抵达目的地，在那儿游泳，划船，玩了三天之后，又到附近的名胜游览三天，第七天晚上才回到家里。

- 利用　lìyòng : 이용하다
- 全家人　quánjiārén : 집안 식구 모두
- 海边　hǎibiān : 해변
- 避暑　bìshǔ : 피서
- 开车　kāi chē : 운전하다, 차를 몰다
- 目的地　mùdìdì : 목적지
- 划船　huá chuán : 배를 젓다, 보트 놀이를 하다
- 之　zhī : ~의(수식 관계)
- 名胜　míngshèng : 명승
- 出发　chūfā : 출발
- 抵达　dǐdá : 도착
- 游泳　yóuyǒng : 수영하다
- 后　hòu : 뒤, 후
- 游览　yóulǎn : 유람

【해석】 금년 여름, 나는 일주일간의 휴가를 이용해 집안 식구들과 함께 바닷가로 피서를 떠났다. 우리는 집에서 출발해 3시간 동안 차를 몰아 목적지에 도착해 그곳에서 수영하고 보트 놀이를 즐기며 3일을 논 후, 또 부근에 있는 명승지를 3일 유람한 후 일곱번째 되는 날 밤에야 집에 도착했다.

연 습

1. 빈칸을 중국어의 한자 · 병음 · 뜻으로 각각 메우시오.

한자	병음	뜻
		휴식
假期		
	lìyòng	
	bìshǔ	
辛苦		
		해변
		목적지
抵达		
	yóulǎn	
棒球		
		집안 식구 모두
开车		
	yóuyǒng	

2. 우리말을 중국어로 옮기시오.

(1) 그는 텔레비전을 두 시간 보았습니다.
(2) 나는 매일 운동을 한 시간 합니다.
(3) 박 선생은 담배를 30년 피웠습니다.
(4) 그는 한국에 돌아간 지 이미 한 달이 되었습니다.
(5) 당신도 중국어를 3개월 배웠습니까?
(6) 그는 매일 잠을 6시간 잡니다.

해답 2. (1) 他看了两个小时的电视。 (2) 我每天运动一个小时。 (3) 朴先生抽了三十年的烟。 (4) 他回韩国已经有一个月了。 (5) 你也学了三个月的中国话吗? (6) 他每天睡六个小时的觉。

154 실제편

快把电视打开。
빨리 텔레비전을 켜세요.

학습목표

처치식(處置式)
• 把 + 목적어 + 동사술어
⇒ 「~을 …하다」

기 본 문 형 / 신출어휘

1. 快 把 电 视 打 开。
   쾀이 바 띠엔 스 따 카이
   Kuài bǎ diànshì dǎ kāi.
   빨리 텔레비전을 켜세요.

2. 怎 么 这 么 急 呢?
   쩐머 쩌머 지 너
   Zěnme zhème jí ne?
   어찌 이리 급하지요?

3. 我 要 看 八 点 钟 的
   워 야오 칸 빠 디엔 중 더
   Wǒ yào kàn bā diǎn zhōng de
   连 续 剧。
   리엔 쉬 쥐
   liánxùjù.
   8시 연속극을 봐야 해요.

◇ 打开
  dǎ kāi
  「켜다, 열다」

◇ 这么
  zhème
  「이렇게」

◇ 急
  jí
  「급하다」

◇ 连续剧
  liánxùjù
  「연속극」

기본문형 / 신출어휘

4. 啊对了！今天是星期一吧？
   Ā duì le! Jīntiān shì xīngqīyī ba?
   아, 그렇지! 오늘 월요일이지요?

   ◇啊对了
   ā duì le
   「아, 그렇지!」

5. 你去把面包和牛奶拿来。
   Nǐ qù bǎ miànbāo hé niúnǎi nálai.
   당신은 가서 빵하고 우유를 가져와요.

   ◇面包
   miànbāo
   「빵」

   ◇牛奶
   niúnǎi
   「우유」

6. 你还没吃晚饭吗？
   Nǐ hái méi chī wǎnfàn ma?
   당신 아직 저녁식사 안 했어요?

   ◇还
   hái
   「아직」

7. 没有。
   Méiyǒu.
   안 먹었어요.

8. 好！那么我们就一面看电视，一面吃晚饭吧。
   Hǎo! Nàme wǒmen jiù yímiàn kàn diànshì, yímiàn chī wǎnfàn ba.
   좋아요, 그럼 우리 TV 보면서 서녁 믹읍시다.

> **어법교실**

■ **처치식**(處置式)

어떤 동작의 처치 의미를 강조하려면 전치사 '把'를 사용하여 목적어를 동사 앞으로 옮겨 놓는다.

弟弟 打 破 了 玻璃杯。
Dìdi dǎ pò le bōlibēi.

弟弟 把 玻璃杯 打 破 了。
Dìdi bǎ bōlibēi dǎ pò le.

「동생은 유리컵을 깨트렸다」

이러한 문장은 행동의 처치성을 강조하는 것이 특징이며, 일반동사 술어문처럼 행동을 일으키는 주어가 목적 사물에 대해 어떤 행동을 가하고 그치는 데 비해, 이것은 더 나아가 행동을 통하여 어떤 결과가 나왔느냐까지 요구하므로, 이런 문장 구조에서는 동사 뒤에 처치 결과를 의미하는 보어나 '了'가 따라야 한다.

我 把 苹果 吃。 (×)
Wǒ bǎ píngguǒ chī.

我 把 苹果 吃 了。 (○)
Wǒ bǎ píngguǒ chī le.
「나는 사과를 먹었다」

把 苹果 吃 完。 (○)
Bǎ píngguǒ chī wán.
「사과를 모두 먹어라」

把 苹果 给 我。 (○)
Bǎ píngguǒ gěi wǒ.
「나에게 사과를 줘라」

단문연구

有 一 天, 李 先 生 到 海 边 去 钓 鱼, 钓 了
Yǒu yì tiān, Lǐ xiānsheng dào hǎibiān qù diào yú, diào le

一 整 天 只 钓 到 一 条 鱼。因 此 他 就 把 钓
yìzhěngtiān zhǐ diào dào yì tiáo yú. Yīncǐ tā jiù bǎ diào

到 的 鱼 放 回 海 里, 到 附 近 的 鱼 市 场 去
dào de yú fàng huí hǎi li, dào fùjìn de yú shìchǎng qù

买 了 一 些 鱼 带 回 家 里, 对 他 太 太 说:
mǎi le yì xiē yú dài huí jiā li, duì tā tàitai shuō:

「我 今 天 运 气 真 好, 钓 到 了 这 么 多 鱼。」
「Wǒ jīntiān yùnqì zhēn hǎo, diào dào le zhème duō yú.」

他 太 太 听 了 很 高 兴, 就 把 那 些 鱼 做 成
Tā tàitai tīng le hěn gāoxìng, jiù bǎ nà xiē yú zuòchéng

很 好 吃 的 菜, 跟 全 家 人 一 起 吃 了 丰 盛
hěn hǎochī de cài, gēn quánjiārén yìqǐ chī le fēngshèng

的 晚 餐。
de wǎncān.

- 钓鱼　diào yú : 고기를 낚다, 낚시하다
- 一整天　yìzhěngtiān : 하루종일
- 带　dài : 지니다
- 运气　yùnqì : 운
- 丰盛　fēngshèng : 풍성하다
- 放　fàng : 놓아[풀어] 주다
- 对　duì : ~을 향해, ~에 대해
- 做成　zuòchéng : ~로 만들다
- 晚餐　wǎncān : 만찬

【해석】 어느날 이 선생이 낚시를 하러 해변에 갔는데, 하루종일 한 마리밖에 잡지 못했다. 그래서 그는 잡은 고기를 다시 바닷속으로 놓아 보내 주고, 근처에 있는 시장에 들러 고기를 좀 사서 집으로 가지고 가 그의 부인에게 말했다. 「오늘 정말 운이 좋아. 이렇게 많은 고기를 잡았으니.」 그의 부인이 듣고는 매우 기뻐서 그 고기들로 매우 맛있는 음식을 만들어, 온 집안 식구들과 함께 풍성한 만찬을 들었다.

연 습

1. 빈칸을 중국어의 한자 · 병음 · 뜻으로 각각 메우시오.

   面包 _____ _____

   _____ yùnqì _____

   _____ _____ 어째서, 이렇게

   _____ _____ 아, 그렇지!

   钓鱼 _____ _____

   _____ liánxùjù _____

   _____ _____ ~로 만들다

   高兴 _____ _____

   _____ niúnǎi _____

   一整天 _____ _____

   _____ _____ 켜다, 열다

   _____ fēngshèng _____

   晚饭 _____ _____

2. 우리말을 중국어로 옮기시오. ('把'를 사용해서)

   (1) 그는 나의 책을 가지고 갔습니다.
   (2) 나는 오늘 그 사과를 먹었습니다.
   (3) 문을 여십시오.
   (4) 김 선생은 돈을 다 써버렸습니다.
   (5) 그것을 저에게 주십시오.
   (6) 이 선생은 샘플[样本 yàngběn]을 가지고 왔다.

   해답 2. (1) 他把我的书拿走了。 (2) 我今天把那个苹果吃了。 (3) 把门打开。 (4) 金先生把钱都用完了。 (5) 把那个给我。 (6) 李先生把样本拿来了。

부록편

1. 기본용법/160
2. 기본 회화 용어/171
3. 비슷한 말과 반대말/176
4. 단어 의미 비교/183
5. 겸류사(兼類詞)/189
6. 儿化韵과 파음자/206
7. 친족 호칭표/213

부록1 기본용법

1 什么(甚么), 几, 多少

'什么「무엇, 무슨」'는 명사의 물음사이고, '几'와 '多少'는 「얼마」라는 뜻으로 수사의 물음사이다. 일반적으로 '几'는 적은 수를 물어보고 '多少'는 이에 구애받지 않는다.

这 是 <u>什 么</u>?　　→　　这 是 课 本。
Zhè shì shénme?　　　　Zhè shì kèběn.
「이것은 무엇입니까?」　　「이것은 교과서입니다」

你 有 <u>几</u> 个?　　→　　我 有 两 个。
Nǐ yǒu jǐ ge?　　　　　Wǒ yǒu liǎng ge.
「당신은 몇 개 있습니까?」　　「저는 두 개 있습니다」

你 有 <u>多 少</u>(个)?　　→　　我 有 五 百 个。
Nǐ yǒu duōshǎo ge?　　　Wǒ yǒu wǔ bǎi ge.
「당신은 얼마나 있습니까?」　　「저는 500개 있습니다」

2 们

'们'은 인칭대명사나 사람을 가리키는 명사 뒤에 붙어 복수를 나타내는데 수사(數詞)가 앞에 나오거나 인칭의 물음사인 '谁' 뒤에는 붙이지 않는다.

学 生 <u>们</u>　　「학생들」
xuéshēng men

老 师 <u>们</u>　　「선생님들」
lǎoshī men

我 <u>们</u>　　「우리들」
wǒmen

三 个 学 生　　「세 학생」
sān ge xuéshēng

谁?　　「누구?」
shéi

3 都, 一共

'都「모두」'는 범위를 나타내는 부사이고, '一共「모두」'은 수의 합을 나타내는 부사로 문장 속에 반드시 수사나 수사의 물음사가 들어 있어야 한다.

我们 <u>都</u> 有 中 文 书。
Wǒmen dōu yǒu Zhōngwén shū.
「우리는 모두 중국어 책이 있다」

他 <u>一 共</u> 有 三 本 书。
Tā yígòng yǒu sān běn shū.
「그는 모두 세 권의 책이 있다」

你 <u>一 共</u> 有 几 张 纸?
Nǐ yígòng yǒu jǐ zhāng zhǐ?
「당신은 모두 몇 장의 종이가 있습니까?」

4 这, 这个, 那, 那个, 哪, 哪个

주어로 쓰일 때에는 어느 것을 써도 무방하나 목적어 또는 술어로 쓰일 때에는 반드시 '个' 또는 그것에 해당하는 양사(量詞)를 붙여야 한다.

<u>这</u> 是 我 的 书。　➡　我 的 书 是 <u>这 个</u>。
Zhè shì wǒ de shū.　　　　Wǒ de shū shì zhè ge.

<u>这 个</u> 是 我 的 书。　➡　我 的 书 是 <u>这 个</u>。
Zhè ge shì wǒ de shū.　　 Wǒ de shū shì zhè ge.

<u>这 本</u> 是 我 的 书。　➡　我 的 书 是 <u>这 本</u>。
Zhè běn shì wǒ de shū.　　Wǒ de shū shì zhè běn.
「이것은 나의 책이다」　　　「나의 책은 이것이다」

지시내명사가 양사와 결합할 때 수사가 '一'일 경우에는 생략해도 무방하나 2'이상이면 지시사와 양사 사이에는 반드시 수사가 있어야 한다.

这 个 是 他 的。
Zhè ge shì tā de.
「이것은 그의 것이다」

那 三 张 纸 是 我 的。
Nà sān zhāng zhǐ shì wǒ de.
「저 세 장의 종이는 나의 것이다」

이 경우 '这个'는 「이 한 개」가 아니라 「이것」이라 해석하고, '那三张纸'는 「저 세 장의 종이」라고 해석한다.

5 一点(儿)

• 긍정문에서는 동사나 형용사 뒤에 놓여 그 정도를 나타내고, 목적어가 있을 경우에는 그 목적어를 '一点(儿)' 뒤에 놓는다.

吃 一 点 (儿) 「조금 먹다」
chī   yìdiǎn(r)

快 一 点 (儿) 「조금 빠르다」
kuài   yìdiǎn(r)

吃 一 点 (儿) 饭
chī   yìdiǎn(r)   fàn
「밥을 조금 먹다」

• 부정문일 경우에는 다음과 같다.

주어 + 一点(儿) + (명사) + 也(都) + 부정 + 동사(형용사)
주어 + 一点(儿) + 也(都) + 보어(부정)

我 的 汽 车 一 点 儿 也 不 快。
Wǒ de qìchē   yìdiǎnr   yě bú kuài.
「나의 자동차는 조금도 빠르지 않다」

我 的 汽 车 一 点 儿 也 没 快。
Wǒ de qìchē   yìdiǎnr   yě méi kuài.
「나의 자동차는 조금도 빠르지 않았다」

我 一点儿 也 不 吃。
Wǒ yìdiǎnr yě bù chī.
「나는 조금도 먹지 않는다」

我 一点儿 也 没 吃。
Wǒ yìdiǎnr yě méi chī..
「나는 조금도 먹지 않았다」

我 一点儿 饭 也 不 吃。
Wǒ yìdiǎnr fàn yě bù chī.
「나는 밥을 조금도 먹지 않는다」

我 一点儿 饭 也 没 吃。
Wǒ yìdiǎnr fàn yě méi chī.
「나는 밥을 조금도 먹지 않았다」

我 一点儿 也 听 不 出 来。
Wǒ yìdiǎnr yě tīng bù chū lái.
「나는 전혀 듣지 못했다」

我 一点儿 也 听 不 出 他 是 韩 国 人 来。
Wǒ yìdiǎnr yě tīng bù chū tā shì Hángguórén lái.
「나는 그가 한국인이라는 것을 전혀 듣지 못했다」

6 有一点(儿), 有点(儿)

'有一点(儿)'은 「조금 ~하다」「~가 조금 있다」라는 뜻의 부사로, 형용사 앞에 위치한다.

我 的 汽车 有一点儿 快。
Wǒ de qìchē yǒuyìdiǎnr kuài.
「나의 자동차는 조금 빠르다」

那 里 有一点 亮光。
Nàli yǒuyìdiǎn liàngguāng.
「저쪽은 조금 밝다」

厨 房 里 有一点 热。
Chúfáng li yǒuyìdiǎn rè.
「부엌 안은 조금 덥다」

7 동사, 형용사의 중첩

• 단음절 동사의 중첩은 그 사이에 '一'를 삽입할 수도 있고, 완료형은 그 사이에 '了'를 삽입하며, 2음절일 경우에는 동사를 두 번 반복한다.

看 → 看(一)看
kàn   kàn kan
「보다」 「좀 보다」

看了 → 看了看
kàn le   kàn le kàn
「보았다」 「좀 보았다」

讨论 → 讨论讨论
tǎolùn   tǎolùn tǎolùn
「토론하다」 「좀 토론하다」

• 단음절 형용사의 중첩은 형용사를 두 번 반복하고, 2음절일 경우에는 제1음절이 단위가 되어서 중첩된다.

好 → 好好
hǎo   hǎo hǎo
「좋다」 「좀 좋다」

清楚 → 清清楚楚
qīng chu   qīng qing chǔ chu
「깨끗하다」 「좀 깨끗하다」

8 정도를 나타내는 多(多么)

这 件 事 跟 我 没 有 多 大 的 关 系。
Zhè jiàn shì gēn wǒ méiyǒu duō dà de guānxi.
「이 일과 나는 그다지 관계가 없다」

那 条 河 有 多 深?
Nà tiáo hé yǒu duō shēn?
「저 강은 얼마나 깊습니까?」

9 怎么

일반적으로 '怎么'는 긍정문일 경우 「어떻게」라고 해석하고 부정문일 경우 「왜」「어째서」라고 해석한다. 그러나 빈도부사가 따르면 긍정문에서도 「왜」「어째서」라는 뜻이 된다.

这个怎么吃?「이것은 어떻게 먹습니까?」
Zhè ge zěnme chī?

你怎么不来?(为什么)
Nǐ zěnme bù lái?
「당신은 왜 오지 않습니까?」

你怎么常常迟到呢?(为什么)
Nǐ zěnme chángcháng chídào ne?
「당신은 왜 늘 지각하는가요?」

10 의문문을 만드는 품사

◇ ~吗?「~입니까?」

你爱看书吗?「당신은 책 보는 것을 좋아합니까?」
Nǐ ài kàn shū ma?

他明天去吗?「그는 내일 갑니까?」
Tā míngtiān qù ma?

◇ ~呢?「~입니까?」

你的书呢?「당신 책입니까?」
Nǐ de shū ne?

他的铅笔呢?「그의 연필입니까?」
Tā de qiānbǐ ne?

◇ ~吧?「~이지요?」

你是中国人吧?「당신은 중국인이지요?」
Nǐ shì Zhōngguórén ba?

蓝子里有梨吧?「바구니 안에는 배가 있지요?」
Lánzi lǐ yǒu lí ba?

◇ ~没有?「~입니까?」

你抽过烟没有?「당신은 담배 피운 적이 있습니까?」
Nǐ chōu guò yān méiyǒu?

他写好了练习没有?
Tā xiě hǎo le liànxí méiyǒu?
「그는 숙제를 다 잘 써 놓았습니까?」

◇ ~还是…?「~ 아니면 …」

这个还是那个?
Zhè ge háishì nà ge?
「이것입니까, 아니면 저것입니까?」

你去还是他去?
Nǐ qù háishì tā qù?
「당신이 갑니까, 아니면 그가 갑니까?」

◇ 谁?「누구?, 누가?」

谁有中文课本?
Shéi yǒu Zhōngwén kèběn?
「누가 중국어 교과서를 가지고 있습니까?」

他是谁?「그는 누구입니까?」
Tā shì shéi?

◇ 什么?「무엇?, 무슨?」

你看什么?「당신은 무엇을 봅니까?」
Nǐ kàn shénme?

他有什么东西?「그는 무슨 물건이 있습니까?」
Tā yǒu shénme dōngxi?

◇ 几?「몇?」

你有几个?「당신은 몇 개 있습니까?」
Nǐ yǒu jǐ ge?

他有几本书?「그는 책이 몇 권 있습니까?」
Tā yǒu jǐ běn shū?

◇ **多少?**「얼마?」

你有<u>多少</u>钱?「당신은 돈이 얼마나 있습니까?」
Nǐ yǒu duōshǎo qián?

中国的人口有<u>多少</u>?
Zhōngguó de rénkǒu yǒu duōshǎo?
「중국 인구는 얼마나 됩니까?」

◇ **哪儿＝哪里＝哪个地方＝什么地方?**「어디?」

他在<u>哪儿</u>?「그는 어디에 있습니까?」
Tā zài nǎr?

<u>哪儿</u>有中文书?「중국어 책은 어디에 있습니까?」
Nǎr yǒu Zhōngwén shū?

◇ **怎么?**「어떠합니까?」

你今天<u>怎么</u>样?「당신은 오늘 어떠합니까?」
Nǐ jīntiān zěnmeyàng?

他不来<u>怎么</u>办?「그가 안 오면 어떻게 합니까?」
Tā bù lái zěnme bàn?

◇ **为什么?**「왜?」

你<u>为什么</u>不去?「당신은 왜 가지 않습니까?」
Nǐ wèishénme bú qù?

他<u>为什么</u>没回来?「그는 왜 돌아오지 않았습니까?」
Tā wèishénme méi huílái?

◇ **是不是?**「~입니까, 아닙니까?」

<u>是不是</u>你们都在宿舍里复习?
Shì bú shì nǐmen dōu zài sùshè li fùxí?
「당신들은 모두 기숙사에서 복습을 합니까, 하지 않습니까?」

这本小说很有意思,<u>是不是</u>?
Zhè běn xiǎoshuō hěn yǒu yìsi, shì bú shì?
「이 소설은 재미있습니까, 없습니까?」

陈小姐是不是还在家里?
Chén xiǎojiě shì bú shì hái zài jiā li?
「미스 진은 아직 집에 있습니까, 없습니까?」

◇ 怎么, 谁, 什么, 哪儿 등 의문사 뒤에 '也' 나 '都' 를 붙이면 부정문이 된다.

- 怎么也 「아무리 ~해도」
  他怎么说也不听。
  Tā zěnme shuō yě bù tīng.
  「그는 아무리 말해도 듣지 못한다」

- 谁也 「아무도」
  谁也没来。「아무도 오지 않았다」
  Shéi yě méi lái.

- 什么也 「아무것도」
  我甚么也没看。
  Wǒ shénme yě méi kàn.
  「나는 아무것도 보지 못했다」

- 哪儿也 「아무데도」
  那儿也没有。「아무데도 없었다」
  Nǎr yě méiyǒu.

이와 같은 것을 의문형으로 만들려면 어미에다 조사 '吗' 를 붙이면 된다.

谁也没来吗? 「아무도 오지 않았습니까?」
Shéi yě méi lái ma?

哪儿也没有吗? 「아무데도 없습니까?」
Nǎr yě méiyǒu ma?

◇ 긍정+부정

你是不是学生?
Nǐ shì bú shì xuésheng?
「당신은 학생입니까, 아닙니까?」

你 热 不 热?
Nǐ rè bú rè?
「당신은 덥습니까, 덥지 않습니까?」

你 看 不 看?
Nǐ kàn bú kàn?
「당신은 봅니까, 보지 않습니까?」

你 看 不 看 电 影?
Nǐ kàn bú kàn diànyǐng?
「당신은 영화를 봅니까, 보지 않습니까?」

你 爱 不 爱 看 电 影?
Nǐ ài bú ài kàn diànyǐng?
「당신은 영화 보는 것을 좋아합니까, 좋아하지 않습니까?」

你 有 没 有?
Nǐ yǒu méiyǒu?
「당신은 있습니까, 없습니까?」

你 有 没 有 铅 笔?
Nǐ yǒu méiyǒu qiānbǐ?
「당신은 연필이 있습니까, 없습니까?」

◇ **반문의 의문**

你 是 学 生 不 是?
Nǐ shì xuésheng bú shì?
「당신은 학생이 아닙니까?」

你 看 电 影 不 看?
Nǐ kàn diànyǐng bú kàn?
「당신은 영화를 보지 않습니까?」

你 爱 看 电 影 不 爱?
Nǐ ài kàn diànyǐng bú ài?
「당신은 영화 보는 것을 좋아하지 않습니까?」

你 有 铅 笔 没 有?
Nǐ yǒu qiānbǐ méiyǒu?
「당신은 연필이 없습니까?」

11 방위

东	dōng	동	里(内)	lǐ(nèi)	안
西	xī	서	外	wài	밖
南	nán	남	上	shàng	상
北	běi	북	下	xià	하
对面儿	duìmiànr	맞은쪽	前	qián	전
中间儿	zhōngjiānr	중간	后	hòu	후
附近	fùjìn	부근	左	zuǒ	좌
口儿	kǒur	입구	右	yòu	우
面前	miànqián	면전(앞)	旁	páng	옆

12 존재 표시법

- 사람이나 사물이 어떠한 장소에 있을 때

주어 + 在 + 명사(대명사) + 방위

课本在桌子上。「교과서는 탁자 위에 있다」
Kèběn zài zhuōzi shàng.

- 어느 장소에 무엇이 있을 때

명사 + 방위 + 有 + 명사

教室里有学生。「교실 안에는 학생이 있다」
Jiàoshì li yǒu xuésheng.

- 누가 어떠한 장소에서 무엇을 할 때

주어 + 在 + 명사 + 방위 + 동사 술어

妈妈在学校附近吃饭。
Māma zài xuéxiào fùjìn chī fàn.
「어머니는 학교 부근에서 식사하고 계시다」

 기본 회화 용어

你 好! 안녕하십니까?
Nǐ hǎo!

你 好 吗?
Nǐ hǎo ma?

早 安。 아침 인사
Zǎo ān.

午 安。 점심 인사
Wǔ ān.

晚 安。 저녁 인사
Wǎn ān.

久 仰 久 仰。 초면 인사
Jiǔyǎng jiǔyǎng.

恭 喜 恭 喜。 축하합니다.
Gōngxǐ gōngxǐ.

很 久 没 见。 오랜만에 뵙겠습니다.
Hěn jiǔ méi jiàn.

很 久 不 见。
Hěn jiǔ bú jiàn.

好 久 不 见。
Hǎo jiǔ bú jiàn.

好 久 没 见。
Hǎo jiǔ méi jiàn.

少 见。
Shǎojiàn.

近 来 好 吗? 요즘 어떠하십니까?
Jìnlái hǎo ma?

近 来 怎 么 样?
Jìnlái zěnmeyàng?

府 上 都 好 吗? 댁내 모두 안녕하십니까?
Fǔshang dōu hǎo ma?

劳驾。 Láo jià.	수고하십니다, 실례하겠습니다.
请问。 Qǐng wèn.	말씀 좀 여쭈어 보겠습니다.
您贵姓？ Nín guì xìng?	댁의 성은 무엇입니까?
你姓什么？ Nǐ xìng shénme?	
您的大名是~？ Nín de dàmíng shì~?	댁의 존함은 ~?
你叫什么名字？ Nǐ jiào shénme míngzi?	댁의 이름은 무엇입니까?
你的名字叫什么？ Nǐ de míngzi jiào shénme?	
你找谁？ Nǐ zhǎo shéi?	당신은 누구를 찾으십니까?
请×××听电话。 Qǐng ××× tīng diànhuà.	××× 좀 바꿔 주십시오.
我要回去啦。 Wǒ yào huí qù la.	돌아가보겠습니다.
再见。 Zài jiàn.	안녕, 또 뵙겠습니다.
再会。 Zài huì.	
请再来坐坐。 Qǐng zài lái zuòzuo.	또 놀러오십시오.
请再来玩。 Qǐng zài lái wán.	
我不送您了。 Wǒ bú sòng nín le.	멀리 안 나갑니다.
我不远送了。 Wǒ bù yuǎn sòng le.	
我不出去了。 Wǒ bù chū qù le.	

慢走慢走。 Mànzǒu mànzǒu.	살펴 가세요.
不送不送。 Búsòng búsòng.	나오지 마세요.(손님) 안 나갑니다(주인)
别送别送。 Biésòng biésòng.	나오지 마세요, 들어가세요.
请回请回。 Qǐng huí qǐng huí.	
请您多坐一会儿。 Qǐng nín duō zuò yí huìr.	잠시만 더 앉아 계십시오.
改天再来瞧您。 Gǎi tiān zài lái qiáo nín.	다른 날 다시 뵙겠습니다.
改天再来。 Gǎi tiān zài lái.	다른 날 다시 오겠습니다.(손님) 다른 날 다시 오십시오(주인)
改天再见。 Gǎi tiān zàijiàn.	다른 날 다시 와 뵙겠습니다.
请进。 Qǐng jìn.	들어오십시오.
请坐。 Qǐng zuò.	앉으세요.
请喝茶。 Qǐng hē chá.	차 드세요.
请吃点心吧。 Qǐng chī diǎn xīn ba.	간식 드십시오.
你太客气。 Nǐ tài kèqì.	너무 겸손하십니다.
哪里哪里。 Nǎli nǎli.	천만에요.
哪儿的话呢。 Nǎr de huà ne.	
不敢当 Bù gǎndāng.	감당하지 못합니다 감히 몸둘 바를 모르겠습니다.

过奖过奖。 과찬의 말씀.
Guòjiǎng guòjiǎng.

谁说不是呢。 동의의 뜻
Shéi shuō bú shì ne.

可不是吗。
Kě bú shì ma.

你说得很对。
Nǐ shuō de hěn duì.

这是我的名片。 이것이 저의 명함입니다.
Zhè shì wǒ de míngpiàn.

请您多多指教。 많은 지도 편달을 부탁드립니다.
Qǐng nín duōduō zhǐjiào.

叫您费心,对不起。 걱정을 끼쳐 미안합니다.
Jiào nín fèixīn, duìbùqǐ.

叫您辛苦,对不起。 수고를 끼쳐 미안합니다.
Jiào nín xīnkǔ, duìbùqǐ.

叫您劳步,谢谢。 와 주셔서 감사합니다.
Jiào nín láo bù, xièxiè.

怎么回事儿? 어쩐 일이십니까?
Zěnme huí shìr?

您听谁说的? 당신은 누구에게 들었습니까?
Nín tīng shéi shuō de?

你觉得怎么样? 당신은 어떻게 느끼십니까?
Nǐ jué de zěnmeyàng?

您哪儿不舒服呢? 당신은 어디가 불편하십니까?
Nín nǎr bù shūfú ne?

请您说给我听。 저에게 들려 주세요.
Qǐng nín shuō gěi wǒ tīng.

那可不要紧。 그것은 중요하지 않아요.
Nà kě bú yàojǐn.

请您等一会儿。 잠시만 기다려 주세요.
Qǐng nín děng yíhuìr.

托福。 Tuō fú.	덕분에, 덕택에.
对不起。 Duìbùqǐ.	미안합니다.
抱歉。 Bào qiàn.	
没(有)关系。 Méi (yǒu) guānxi.	괜찮습니다.
不要紧。 Bú yàojǐn.	
欢迎欢迎。 Huānyíng huānying.	환영합니다.
谢谢(您)。 Xièxie (nín).	감사합니다, 고맙습니다.
别客气。 Bié kèqì.	사양하지 마십시오. 겸손해하실 것 없습니다.
不要客气。 Búyào kèqì.	
不用客气。 Búyòng kèqì.	
最近工作忙不忙？ Zuìjìn gōngzuò máng bù máng?	요즘 하는 일은 바쁘십니까?
老是匆匆忙忙。 Lǎoshi cōngcōng mángmáng.	늘 바쁩니다.
还早哪！ Hái zǎo na!	아직 일러요.
不早啦！ Bù zǎo la!	늦었어요, 이르지 않아요.

부록3   비슷한 말과 반대말

1 비슷한 말

不很 bùhěn	그리 ~하지 않다	
不大 búdà		
不太 bú tài		
不怎么 bù zěnme		
做什么 zuò shénme	무엇 하느냐?	
干什么 gàn shénme		
懂(得) dǒng(de)	이해하다	
了解 liǎojiě		
明白 míngbai		
一个小时 yí ge xiǎoshí	한 시간	
一个钟头 yí ge zhōngtóu		
一小时 yì xiǎoshí		
常常 chángcháng	늘, 항상	
经常 jīngcháng		
时常 shícháng		
老是 lǎoshi		
总是 zǒngshì		
知道 zhīdao	알다	
晓得 xiǎode		
这儿 zhèr	이곳, 여기	
这里 zhèli		
这(个)地方 zhè(ge)dìfāng		
要是 yàoshi	만약
如果 rúguǒ	
假如 jiǎrú	
倘若 tǎngruò	
若是 ruòshì	
假使 jiǎshǐ	
倘使 tǎngshǐ	
万一 wànyī	
得了病 déle bìng	병이 나다
生了病 shēngle bìng	
病了 bìng le	
瞧 qiáo	보다
看 kàn	
望 wàng	
立刻 lìkè	곧, 즉시
马上 mǎshàng	
就 jiù	
不断地 búduànde	끊임없이
不停地 bùtíngde	
大夫 dàifu	의사
医生 yīshēng	
医师 yīshī	
掉 diào	떨어지다
落 luò	

读书	dú shū	공부하다	漂亮	piàoliang	아름답다
念书	niàn shū		美丽	měilì	
用功	yònggōng		好看	hǎokàn	
太晚了	tài wǎn le	너무 늦었다	小心	xiǎoxīn	조심하다
太迟了	tài chí le		留神	liúshén	
			注意	zhùyì	
一起	yìqǐ	함께, 같이			
一同	yìtóng		恐怕	kǒngpà	아마도~
一齐	yìqí		也许	yěxǔ	
一块儿	yíkuàir		可能	kěnéng	
			只怕	zhǐpà	
年纪	niánjì	나이	大概	dàgài	
年龄	niánlíng				
岁数	suìshu		歇	xiē	쉬다
年岁	niánsuì		休息	xiūxi	
缘故	yuángù	원인, 까닭	捉	zhuō	잡다
原因	yuányīn		抓	zhuā	
理由	lǐyóu				
			以为	yǐwéi	~여기다
光阴	guāngyīn	세월	认为	rènwéi	
岁月	suìyuè				
时光	shíguāng		喊	hǎn	소리치다
时间	shíjiān		叫	jiào	
			嚷	rǎng	
如何	rúhé	어떠냐?			
怎么样	zěnmeyàng		那儿	nàr	저곳, 저기, 그곳
好不好	hǎo bù hǎo		那里	nàli	
			那地方	nà dìfāng	
土话	tǔhuà	사투리			
方言	fāngyán		许	xǔ	허락하다
			准	zhǔn	
彼此	bǐcǐ	서로			
互相	hùxiāng		别	bié	~하지 마라
			不要	búyào	

一天到晚	yì tiān dào wǎn	하루종일	顺着	shùn zhe	따라서(길·강)
整天	zhěngtiān		沿着	yán zhe	
时间	shíjiān	시간, 여가, 틈	幸亏	xìngkuī	다행히
工夫	gōngfu		好在	hǎozài	
空	kòng		有趣儿	yǒuqùr	재미있다
			有意思	yǒuyìsi	
温习	wēnxí	복습	非常	fēicháng	대단히
复习	fùxí		十分	shífēn	
			很	hěn	
累	lèi	피곤하다, 힘들다	但是	dànshì	그러나
疲倦	píjuàn		可是	kěshì	
			不过	búguò	
尤其	yóuqí	특히	然而	ránér	
特别	tèbié				
这两天	zhè liǎng tiān	요 며칠	领着	lǐng zhe	데리고
这几天	zhè jǐ tiān		带着	dài zhe	
哪儿	nǎr	어디, 어느 곳	跟着	gēn zhe	따라서
哪里	nǎli		随着	suí zhe	
哪个地方	nǎ ge dìfāng				
碰见	pèng jiàn	만나다	快乐	kuàilè	즐거운
遇见	yù jiàn		高兴	gāoxìng	
			愉快	yúkuài	
撒谎	sā huǎng	거짓말하다	早上	zǎoshang	아침
说谎(话)	shuō huǎng		早晨	zǎochen	
而且	érqiě	또한	大概	dàgài	대략, 대개
并且	bìngqiě		大约	dàyuē	
到底	dàodǐ	결국	到处	dàochù	도처, 곳곳
究竟	jiūjìng		各处	gèchù	
			处处	chùchù	

不然	bùrán	그렇지 않으면	星期	xīngqī	요일
否则	fǒuzé		礼拜	lǐbài	
想不到	xiǎng bú dào	뜻밖에	劳驾	láo jià	수고하다
没想到	méi xiǎngdào		辛苦	xīnkǔ	
不料	búliào		情形	qíngxíng	상황
例如	lìrú	예를 들면	情况	qíngkuàng	
譬如	pìrú		乡村	xiāngcūn	시골
比如	bǐrú		乡下	xiāngxià	
比方	bǐfang		死	sǐ	죽다
找不着	zhǎo bù zháo	찾아내지 못하다	去世	qùshì	
找不到	zhǎo bú dào		逝世	shìshì	
行	xíng	된다	不比	bùbǐ	~만 못하다
成	chéng		不如	bùrú	
可以	kěyǐ		没有	méiyǒu	
圆珠笔	yuánzhūbǐ	볼펜	幼时	yòushí	어릴 때
原子笔	yuánzǐbǐ		小时候	xiǎoshíhou	
钢笔	gāngbǐ	만년필	来年	láinián	내년
自来水笔	zìláishuǐbǐ		明年	míngnián	
以後	yǐhòu	~이후	必得	bìděi	반드시 ~해야 한다
之後	zhīhòu		一定要	yídìngyào	
而後	érhòu		接下去	jiēxiàqù	이어서, 계속해서
公元	gōngyuán	서기	接着	jiēzhe	
西元	xīyuán		继续	jìxù	
做事	zuò shì	일을 하다	信心	xìnxīn	자신
工作	gōngzuò		把握	bǎwò	
作活	zuòhuó		自信	zìxìn	
干活	gànhuó				

天色	tiānsè	날씨		古时候	gǔshíhou	옛날
天气	tiānqì			从前	cóngqián	
改正	gǎizhèng	수정		以前	yǐqián	
修正	xiūzhèng			书铺	shūpù	서점
修改	xiūgǎi			书店	shūdiàn	
爸爸	bàba	아버지		书局	shūjú	
爹爹	diēdie			帮助	bāngzhù	돕다
父亲	fùqīn			帮忙	bāng máng	
妈妈	māma	어머니		夫妇	fūfù	부부
娘	niáng			夫妻	fūqī	
母亲	mǔqīn			俩	liǎ	두 사람
目前	mùqián	지금		两个人	liǎng ge rén	
现在	xiànzài			发财	fācái	부자가 되다, 돈을 벌다
一般	yìbān	같다		生财	shēngcái	
一样	yíyàng			赚钱	zhuànqián	
似的	sìde			双亲	shuāngqīn	부모
抬头	táitóu	고개를 들다		父母	fùmǔ	
举头	jǔtóu			爹娘	diēniáng	
事情	shìqing	일		渐渐地	jiànjiande	점점
工作	gōngzuò			越来越	yuèláiyuè	

2 반대말

干净	gānjìng	깨끗하다		笑	xiào	웃다
肮脏	āngzang	더럽다		哭	kū	울다
好	hǎo	좋다		摇头	yáo tóu	고개를 흔들다
坏	huài	나쁘다		点头	diǎn tóu	고개를 끄덕이다
对	duì	맞다		优点	yōudiǎn	좋은 점(우수한)
错	cuò	틀리다		缺点	quēdiǎn	결점
暖和	nuǎnhuo	따뜻하다		宽	kuān	넓다
凉快	liángkuài	서늘하다		窄	zhǎi	좁다
坐	zuò	앉다		粗	cū	굵다
站	zhàn	서다		细	xì	가늘다
喜欢	xǐhuan	좋아하다		上学	shàngxué	등교
讨厌	tǎoyàn	귀찮아하다		放学	fàngxué	하교
舒服	shūfu	편안하다		放假	fàngjià	방학
辛苦	xīnkǔ	고달프다		开学	kāixué	개학
容易	róngyì	쉽다		贵	guì	비싸다, 귀하다
难	nán	어렵다		贱	jiàn	값싸다, 천하다
弯	wān	구부리다		便宜	piányi	
直	zhí	꼿꼿하다		省事	shěngshì	일이 수월하다
薄	báo	얇다		费事	fèishì	일이 번거롭다
厚	hòu	두껍다		破例	pòlì	전례를 깨다
插	chā	꽂다		照例	zhàolì	전례대로
拔	bá	뽑다		穿	chuān	입다
忙	máng	바쁘다		脱	tuō	벗다
闲	xián	한가하다				

空空地	kōngkōngde	텅 비다	记(住)	jì(zhù)	기억하다
满满地	mǎnmǎnde	가득 차다	忘(掉)	wàng(diào)	잊다
抬头	tái tóu	고개를 들다	结实	jiēshi	튼튼하다
低头	dī tóu	고개를 숙이다	弱	ruò	약하다
粗硬	cūyìng	거칠고 딱딱하다	埋	mái	묻다
柔软	róuruǎn	부드럽고 연하다	挖	wā	파다
张嘴	zhāng zuǐ	입을 열다	睡(觉)	shuì(jiào)	(잠을) 자다
闭嘴	bì zuǐ	입을 다물다	醒	xǐng	(잠을) 깨다
聪明	cōngmíng	총명하다	快	kuài	빠르다
(愚)笨, 呆	(yú)ben, dāi	둔하다	慢	màn	느리다
拉	lā	당기다, 끌다	大	dà	크다
推	tuī	밀다	小	xiǎo	작다
深	shēn	깊다	多	duō	많다
浅	qiǎn	얕다	少	shǎo	적다
新	xīn	새롭다	上课	shàng kè	수업을(시작)하다
旧	jiù	묵었다, 오래되다	下课	xià kè	수업을 마치다
对不起	duìbùqǐ	미안하다	早	zǎo	이르다
对得起	duìdeqǐ	떳떳하다	晚(迟)	wǎn(chí)	늦다
买	mǎi	사다	攒	zǎn	모으다
卖	mài	팔다	浪费	làngfèi	낭비하다
一样	yíyàng	같다			
两样	liǎngyàng	다르다			

 단어 의미 비교

推	tuī	밀다
堆	duī	쌓다

信	xìn	편지
信纸	xìnzhǐ	편지지
信封	xìnfēng	편지 봉투
相信	xiāngxìn	믿다
一封信	yì fēng xìn	한통의 편지

坐	zuò	타다(앉은 상태에서 '车, 船, 飞机')
骑	qí	타다(한쪽 발을 넘겨서 '马, 自行车')

找	zhǎo	찾다(물체)
查	chá	찾다(책 속의 내용)

舒服	shūfu	편안하다(몸)
便宜	piányi	싸다(값)
方便	fāngbiàn	편하다(일)

帮助	bāngzhù	돕다(동사)
帮忙	bāng máng	돕다(동수복합사)

接	jiē	받다(전화·우편물)
收	shōu	받다(선물)
受	shòu	받다(마음·정신·몸)

喝	hē	마시다
渴	kě	(목이) 마르다
唱	chàng	(노래를) 부르다

火车	huǒchē	기차
汽车	qìchē	자동차
功课表	gōngkèbiǎo	시간표(공부)
时间表	shíjiānbiǎo	시간표(일과)
认识	rènshi	알다(사람·글씨·길)
明白	míngbai	이해하다(= 了解)
知道	zhīdao	알다(사실의 진상 = 晓得)
眼睛	yǎnjīng	눈
眼镜	yǎnjìng	안경
爱惜	àixī	아끼다, 소중히 하다
可惜	kěxī	애석하다
礼堂	lǐtáng	강당
教堂	jiàotáng	교회(教會)
剜	wān	(속을) 도려내다
割	gē	베다, 자르다
剥	bō	(껍질을) 벗기다
刮	guā	깎아내다, 밀다
有时候	yǒushíhou	어떨 때
~的时候	~deshíhou	~일 때, ~할 때
这么	zhème	이렇게
那么	nàme	그럼, 그렇게, 저렇게
多么	duōme	얼마나
这样	zhèyèng	이렇게
那样	nàyàng	저렇게, 그렇게

┌ 这样的	zhèyàngde	이러한
└ 那样的	nàyàngde	저러한, 그러한
┌ 欣赏	xīnshǎng	감상하다
└ 感想	gǎnxiǎng	소감, 느낌
┌ 或者	huòzhě	혹은(평서문)
└ 还是	háishì	아니면(의문문)
┌ 办	bàn	하다, 처리하다
│ 辨	biàn	분별하다
│ 辩	biàn	논쟁하다, 변론하다
└ 瓣	bàn	꽃잎
┌ 反正	fǎnzhàng	아무튼
└ 反而	fǎnér	오히려, 도리어
┌ 方便	fāngbiàn	편리하다
└ 便宜	piányi	싸다
┌ 放心	fàngxīn	안심하다
└ 小心	xiǎoxīn	조심하다
┌ 本事	běnshì	재능, 능력, 재질
└ 天分	tiānfèn	타고난 자질
┌ 预先	yùxiān	미리
│ 首先	shǒuxiān	우선
└ 起先	qǐxiān	처음, 시초, 최초
┌ 好些	hǎoxiē	많은
│ 好几个	hǎo jǐ ge	여러 개
└ 好一会儿	hǎo yíhuìr	한참 동안

好一点儿	hǎo yìdiǎnr	조금 좋다, 조금 낫다
好快	hǎo kuài	대단히 빠르다
报	bào	신문
新闻	xīnwén	뉴스
大家	dàjiā	모두들
人家	rénjiā	다른 사람
点心	diǎnxīn	간식
午饭	wǔfàn	점심
书房	shūfáng	서재
书铺	shūpù	서점
课文	kèwén	교과서의 문장(본문)
课本	kèběn	교과서
上课	shàng kè	수업을 (시작)하다
有课	yǒu kè	수업이 있다
功课	gōng kè	숙제, 공부(학과, 교과)
下课	xiàkè	수업을 마치다
暑假	shǔjià	여름방학
寒假	hánjià	겨울방학
放假	fàngjià	방학
别人	biérén	다른 사람
别的书	biéde shū	다른 책
别说	bié shuō	말하지 마라
分别	fēnbié	각기, 이별
另外	lìngwài	별도로, 따로

┌ 奇	jì	붙여 보내다(우편물)
└ 贴	tiē	붙이다(풀 등으로)
┌ 陪	péi	모시다, 동반하다
├ 带	dài	가지고, 데리고
└ 领	lǐng	데리고
┌ 容易	róngyì	쉬운
└ 好容易	hǎoróngyì	가까스로
┌ 一些	yì xiē	약간
├ 好些	hǎoxiē	많은
├ 这些	zhèxiē	이것들
└ 那些	nàxiē	저것들, 그것들
┌ 盖房子	gài fángzi	집을 짓다
├ 盖印	gài yìn	도장을 찍다
└ 盖被子	gài bèizi	이불을 덮다
┌ 赶牛	gǎn niú	소를 몰다
├ 赶出去	gǎn chūqù	쫓아내다
├ 赶上	gǎnshàng	따라잡다
└ 赶快	gǎnkuài	얼른
┌ 不算太贵	bú suàn tài guì	너무 비싸다고 할 수 없다
└ 我不会算	Wǒ bú huì suàn	나는 계산할 줄 모른다
┌ 装进去	zhuāng jìnqù	넣다
└ 装不知道	zhuāng bù zhīdào	모른 척하다
┌ 接电话	jiē diànhuà	전화를 받다
└ 打电话	dǎ diànhuà	전화를 걸다

┌ 挑着土去堆山	tiāo zhe tǔ qù duī shān	흙을 지고 가서 산을 쌓다
├ 他很会挑衣服	Tā hěn huì tiāo yīfu	그는 옷을 잘 고른다
└ 挑水	tiāoshuǐ	물을 긷다
┌ 打人	dǎ rén	사람을 때리다
├ 打球	dǎ qiú	공놀이를 하다
├ 打猎	dǎ liè	사냥을 하다
├ 打开	dǎ kāi	열다
└ 打鱼	dǎ yú	고기를 잡다
┌ 开门	kāi mén	문을 열다
├ 开车	kāi chē	운전하다
├ 开始	kāishǐ	시작하다
├ 开花	kāi huā	꽃이 피다
└ 开会	kāi huì	회의를 개최하다
┌ 弹钢琴	tán gāngqín	피아노를 치다
└ 吹口琴	chuī kǒuqín	하모니카를 불다
┌ 放在这里	fàng zài zhèli	이곳에 놓다
├ 放假	fàngjià	방학
├ 放牛	fàng niú	소를 치다
├ 放出来	fàng chūlái	꺼내다, 방출하다
├ 放进去	fàng jìnqù	넣다
├ 放走	fàngzǒu	놓아 보내다
└ 放着	fàng zhe	놓여져 있다
┌ 穿鞋	chuān xié	신을 신다
├ 穿衣服	chuān yīfu	옷을 입다
└ 穿过树林	chuān guò shùlín	숲을 뚫고 지나가다

겸류사(兼類詞)

1 会

【조동사】 • ~할 줄 안다

我会说中国话。
Wǒ huì shuō Zhōngguóhuà.
「나는 중국어를 할 줄 안다」

• ~하곤 했다

他有时连吃饭都会忘掉。
Tā yǒu shí lián chī fàn dōu huì wàngdiào.
「그는 어떤 때 밥 먹는 것조차 잊곤 했다」

【추측】 ~일 것이다

他现在不会在家。
Tā xiànzài bú huì zài jiā.
「그는 지금 집에 있지 않을 것이다」

【명사】 회, 모임, 단체

会议「회의」   开会「개회」   会计「회계」
huìyì   kāihuì   huìjì

【시간사】 짧은 시간

一会儿「잠시」   一会儿也「잠시도」
yíhuìr   yíhuìr yě

2 要

【동사】 원하다

我要大的。「나는 큰 것을 원한다」
Wǒ yào dà de.

【조동사】 • ~하려고 한다

他 <u>要</u> 去 美 国。「그는 미국에 가려고 한다」
Tā yào qù Měiguó.

• ~해야 한다

学 生 的 服 装 <u>要</u> 整 齐。「학생의 복장은 정연해야 한다」
Xuésheng de fúzhuāng yào zhěngqí.

• ~하지 마라

你 不 <u>要</u> 吃 这 个。「너는 이것을 먹지 마라」
Nǐ bú yào chī zhè ge.

3 有

【소유동사】 있다, 가지고 있다

我 <u>有</u> 一 本 中 文 书。
Wǒ yǒu yī běn Zhōngwén shū.
「나는 중국어 책 한 권을 가지고 있다」

【존재동사】 있다

书 桌 上 <u>有</u> 一 本 中 文 书。
Shūzhuō shàng yǒu yī běn Zhōngwén shū.
「책상 위에는 중국어 책이 한 권 있다」

【시간사】 어느(특정한 때를 정하지 않고 가리키는 말)

<u>有</u> 一 天 「어느날」   <u>有</u> 时 候 「어느 때」
yǒu yì tiān   yǒu shí hou

【정도의 비교】 ~되다

他 学 中 国 话 已 经 <u>有</u> 两 个 月 了。
Tā xué Zhōngguóhuà yǐjīng yǒu liǎng ge yuè le.
「그는 중국어를 배운 지 이미 두 달이나 되었다」

这 座 山 <u>有</u> 一 千 公 尺 高。
Zhè zuò shān yǒu yī qiān gōng chǐ gāo.
「이 산은 높이가 1천 미터 정도 된다」

4 没有

【비교의 부정】 미치지 못하다, 모자라다, 도달하지 못하다

这个没有我的好。
Zhè ge méiyǒu wǒ de hǎo.
「이것은 내 것만큼 좋지 않다」

【의문조사】 ~입니까?

你吃了没有?
Nǐ chī le méiyǒu?
「당신은 먹었습니까?」

【소실】 없어지다, 사라지다

我的书没有了。「나의 책이 없어졌다」
Wǒ de shū méiyǒu le.

【부정부사】 ~않다

我没(有)吃。「나는 먹지 않았다」
Wǒ méi (yǒu) chī.

5 过

【접미사】 ~했다, ~한 적이 있다

我去过中国。「나는 중국에 간 적이 있다(갔다)」
Wǒ qù guò Zhōngguó.

我没去过中国。「나는 중국에 간 적이 없다」
Wǒ méi qù guò Zhōngguó.

【동사】 지나가다, 경과하다

雨过了。「비가 지나갔다」
Yǔ guò le.

【보어】 지나다, 통과하다

他走过去了。「그는 지나갔다」
Tā zǒu guò qù le.

6 就

【동사】 취임하다

就 总 统 的 职 位。
Jiù zǒngtǒng de zhíwèi.
「대통령에 취임하다」

【관용구】 • 就是~也 ~라 해도, ~일지라도

就 是 便 宜 也 不 买。
Jiù shì piányi yě bù mǎi.
「싸다고 해도 안 산다」

• 只要~就~ 단지 ~만 하면 (곧) …

你 只 要 好 好 儿 念 书 就 行 了。
Nǐ zhǐyào hǎohāor niàn shū jiù xíng le.
「너는 단지 공부만 열심히 하면 된다」

• 一~就… ~하자마자 곧 …, ~하기만 하면 …

他 一 吃 就 死 了。
Tā yī chī jiù sǐ le.
「그는 먹자마자 곧 죽었다」

他 每 次 一 来 就 不 想 走。
Tā měicì yì lái jiù bù xiǎng zǒu.
「그는 매번 오기만 하면 갈 생각을 안 한다」

【부사】 • 就是 바로 ~이다

他 就 是 我 哥 哥。
Tā jiù shì wǒ gēge.
「그가 바로 내 형이다」

• 곧(짧은 시간을 표시하거나 전후상황이 밀접할 때)

我 就 起 来。
Wǒ jiù qǐ lái.
「나는 곧 일어난다」

他 吃 了 早 饭 <u>就</u> 上 学 校 去。
Tā chī le zǎofàn jiù shàng xuéxiào qù.
「그는 아침밥을 먹고 곧 학교에 갔다」

- 단지

我 昨 天 <u>就</u> 喝 了 一 杯 咖 啡。
Wǒ zuótiān jiù hè le yī bēi kāfēi.
「나는 어제 커피를 한 잔밖에 안 마셨다」

7 着

【조사】 지속

我 坐 <u>着</u>。
Wǒ zuò zhe.
「나는 앉아 있다」

我 坐 <u>着</u> 看 报。
Wǒ zuò zhe kàn bào.
「나는 앉아서 신문을 본다」

【동사】 (옷을) 입다, 붙다, 보내다

你 不 要 <u>着</u> 急。
Nǐ bú yào zháo jí.
「너는 조급해 하지 마라」

【보어】 동사 뒤에 붙여 동작이 목적을 달성한 것을 나타냄

我 们 找 <u>着</u> 了 他 的 家。
Wǒmen zhǎo zháo le tā de jiā.
「우리는 그의 집을 찾았다」

8 倒

【동사】 • 넘어지다

孩 子 <u>倒</u> 了。 「아이가 넘어졌다」
Háizi dǎo le.

• 쏟다, 붓다

倒 水 「물을 쏟다」　　　　　倾 倒 「기울여서 쏟아내다」
dào shuǐ　　　　　　　　　qīng dào

【부사】 생각과 상반되거나 상반된 뜻이 경미할 때

房子很小, 院子倒很大。
Fángzi hěn xiǎo, yuànzi dào hěn dà.
「집은 매우 좁지만, 마당은 매우 넓다」

不会游泳倒没有多大的关系。
Bú huì yóuyǒng dào méiyǒu duōdà de guānxi.
「수영을 할 줄 몰라도 별 상관 없다」

9 好

【형용사】 좋다

这个东西很好。
Zhè ge dōngxi hěn hǎo.
「이 물건은 매우 좋다」

【부사】 대단히

好久没见。
Hǎo jiǔ méi jiàn.
「오랜만입니다」

【보어】 • 결과의 완성 혹은 만족성

希望你早一天学好中国话。
Xīwàng nǐ zǎo yìtiān xué hǎo Zhōngguóhuà.
「하루빨리 중국어를 잘 배울 수 있기를 바랍니다」

• 한참 동안

好一会儿。
Hǎo yíhuìr.
「한참동안」

- 많은

  他有<u>好</u>些中文书。
  Tā yǒu hǎo xiē Zhōngwén shū.
  「그는 많은 중국어 책이 있다」

- 여러 개

  <u>好</u>几个 「여러 개」
  hǎo jǐ ge

【조동사】 좋아하다

  他从小就很<u>好</u>吃。
  Tā cóng xiǎo jiù hěn hào chī.
  「그는 어렸을 적부터 먹기를 좋아했다」

10 在

【동사】 ~있다

  他<u>在</u>家。「그는 집에 있다」
  Tā zài jiā.

【전치사】 ~에서, ~에다, ~(시기)에

  他<u>在</u>家看电视。
  Tā zài jiā kàn diànshì.
  「그는 집에서 텔레비전을 본다」

  他<u>在</u>白纸上写字。
  Tā zài báizhǐ shàng xiězì.
  「그는 흰 종이 위에다 글자를 쓴다」

  他<u>在</u>五岁的时候就会写字。
  Tā zài wǔ suì de shíhou jiù huì xiězì.
  「그는 다섯 살 때에 글자를 쓸 줄 알았다」

【보어】 ~하고 있다

  他坐<u>在</u>椅子上。「그는 의자 위에 앉아 있다」
  Tā zuò zài yǐzi shàng.

11 得

【동사】 얻다, 받다

他 <u>得</u> 了 奖 学 金。「그는 장학금을 받았다」
Tā dé le jiǎngxuéjīn.

【조동사】 ~해야 한다

我 <u>得</u> 学 习 中 文。
Wǒ děi xuéxí Zhōngwén.
「나는 중국어를 학습해야 한다」

【조구조사】 동사의 기능이나 정도를 나타내는 조사

他 喝 酒 喝 <u>得</u> 很 多。「그는 술을 많이 마신다」
Tā hē jiǔ hē de hěn duō.

12 到

【동사】 도달, 도착

他 昨 天 <u>到</u> 了 汉 城。
Tā zuótiān dào le Hànchéng.
「그는 어제 서울에 도착했다」

【전치사】 ~에

<u>到</u> 七 点 半 上 学 校 去。
Dào qī diǎn bàn shàng xuéxiào qù.
「7시 반에 학교에 간다」

我 <u>到</u> 学 校 去 看 电 影。
Wǒ dào xuéxiào qù kàn diànyǐng.
「나는 학교에 가서 영화를 본다」

【보어】 동작이 목적물 또는 목적지에 미치다

我 们 昨 天 谈 <u>到</u> 十 一 点 半。
Wǒmen zuótiān tán dào shíyī diǎn bàn.
「우리는 어제 11시 반까지 이야기를 나누었다」

我 找 到 了 我 弟 弟。
Wǒ zhǎo dào le wǒ dìdi.
「나는 내 동생을 찾았다」

他 跑 到 学 校 去 了。
Tā pǎo dào xuéxiào qù le.
「그는 학교로 뛰어갔다」

13 给

【동사】 ~에게 주다

他 给 了 我 一 本 书。
Tā gěi le wǒ yì běn shū.
「그는 내게 책 한 권을 주었다」

【보어】 동사 뒤에 붙여 '손수 전하다, 보내다'의 뜻을 나타냄

我 写 给 他 一 封 信。
Wǒ xiě gěi tā yì fēng xìn.
「나는 그에게 편지 한 통을 써 보냈다」

【전치사】 ~에게 …해주다

他 给 我 买 了 一 本 书。
Tā gěi wǒ mǎi le yì běn shū.
「그는 나에게 책을 한 권 사 주었다」

14 让

【동사】 양보하다

你 不 要 让 他。「너는 그에게 양보하지 마라」
Nǐ bú yào ràng tā.

【사역】 ~에게 …시키다

爸 爸 让 我 去 旅 行 了。
Bàba ràng wǒ qù lǚxíng le.
「아버지는 나에게 여행을 가라고 하셨다」

15 上

【동사】 오르다, 출석하다

上车「차에 오르다」　　　上课「수업하다」
shàng chē　　　　　　　shàng kè

【시간사】

早上「아침」　　　　　　上午「오전」
zǎoshang　　　　　　　shàngwǔ

【방위사】 ~위에, ~에

书桌上有课本。「책상 위에 교과서가 있다」
Shūzhuō shàng yǒu kèběn.

【보어】 • 입다

穿上大衣。「오버를 입다」
Chuānshàng dàyī.

• 오르다

他走上去了。「그는 걸어 올라갔다」
Tā zǒu shàng qù le.

16 还

【부사】 • 상황의 계속 존재, 혹은 동작의 계속 진행을 나타낼 때

十年没见了,他还那么年轻。
Shí nián méi jiàn le, tā hái nàme niánqīng.
「10년을 보지 못했는데 그는 아직 여전히 젊다」

现在已经十点钟了,他还在念书。
Xiànzài yǐjīng shí diǎn zhōng le, tā hái zài niàn shū.
「지금 벌써 10시가 되었는데도 그는 여전히 공부하고 있다」

• 정도의 보충

今天比昨天还冷。「오늘은 어제보다 더 춥다」
Jīntiān bǐ zuótiān hái lěng.

他已经吃了一碗,<u>还</u>想再吃。
Tā yǐjīng chī le yì wǎn, hái xiǎng zài chī.
「그는 이미 한 그릇을 먹었는데도 더 먹고 싶어 한다」

- **还是** : '이렇게 하면 좋겠다'의 희망

天气冷了,你<u>还是</u>多穿衣服吧!
Tiānqì lěng le, nǐ hái shì duō chuān yīfu ba!
「날씨가 추워졌으니, 옷을 더 입는 게 좋겠다!」

<u>还是</u>你去吧!
Hái shì nǐ qù ba!
「그래도 당신이 가시오!」

- **还是** : 선택 항목 앞에 놓아 의문구를 만듦

寄平信<u>还是</u>寄航空信?
Jì píngxìn hái shì jì hángkōngxìn?
「보통우편으로 부칠까요, 아니면 항공우편으로 부칠까요?」

【동사】 돌려주다

我已经把书<u>还</u>给他了。
Wǒ yǐjīng bǎ shū huán gěi tā le.
「나는 이미 책을 그에게 돌려주었다」

17 了

【조사】 • 동사나 형용사 뒤에 붙어 동작의 완료나 변화의 완료를 나타냄

我吃<u>了</u>。「나는 먹었다」
Wǒ chī le.

天气冷<u>了</u>。「날씨가 춥다」
Tiānqì lěng le.

- 예기(豫期) 혹은 가설(假說)된 동작을 나타냄

他知道<u>了</u>一定会很高兴。
Tā zhīdào le yídìng huì hěn gāoxìng.
「그는 알게 되면 반드시 기뻐할 것이다」

你 先 去, 我 下 了 课 就 去。
Nǐ xiān qù, wǒ xià le kè jiù qù.
「당신 먼저 가시오. 나는 방과 후에 가겠습니다」

- 이미 출현했거나 출현하려는 새 상황

下 雨 了。「비가 내렸다(왔다)」
Xià yǔ le.

天 快 黑 了。「날이 곧 어두워졌다(어두워지려 한다)」
Tiān kuài hēi le.

【보어】 동사 뒤에서 '得' 나 '不' 와 더불어 가능 혹은 불가능을 나타냄

他 帮 不 了 我。「그는 나를 도울 수가 없다」
Tā bāng bù liǎo wǒ.

18 长

【동사】 자라다

小 鹿 长 大 了。「아기노루가 자랐다」
Xiǎo lù zhǎng dà le.

【형용사】 길다

你 的 铅 笔 长 不 长?
Nǐ de qiānbǐ cháng bù cháng?
「당신의 연필은 깁니까, 길지 않습니까?」

19 种

【동사】 심다

种 花 「꽃을 심다」   种 树 「나무를 심다」
zhòng huā   zhòng shù

【명사】 종자, 씨

这 是 什 么 花 的 种 子?
Zhè shì shénme huā de zhǒngzi?
「이것은 무슨 꽃의 씨입니까?」

20 把

【전치사】 ~을

他 <u>把</u> 书 拿 去 了。「그는 책을 가져갔다」
Tā bǎ shū ná qù le.

【양사】 자루가 달린 물건을 세는 말

一 <u>把</u> 刀 「칼 한 자루」　　　三 <u>把</u> 伞 「우산 세 개」
yì bǎ dāo　　　　　　　　sān bǎ sǎn

两 <u>把</u> 椅 子 「의자 두 개」
liǎng bǎ yǐzi

21 叫

【동사】 부르다, 소리치다, 동물의 소리

他 <u>叫</u> 金 明 元。「그는 김명원이라 부른다」
Tā jiào Jīn míng yuán.

不 要 大 声 <u>叫</u>。「큰소리로 부르지 마시오」
Búyào dàshēng jiào.

鸟 儿 <u>叫</u>。「새가 노래한다」
Niǎor jiào.

【사역】 ~하게 하다, 시키다

他 <u>叫</u> 我 每 天 看 报。
Tā jiào wǒ měitiān kàn bào.
「그는 나에게 매일 신문을 보도록 한다」

22 才

【부사】 • 비로소(일이 늦게 발생했거나 늦게 끝났을 때)

他 说 星 期 三 走, 可 是 到 了 星 期 五 <u>才</u> 走。
Tā chuō xīngqī sān zǒu, kěshì dào le xīngqī wǔ cái zǒu.
「그는 수요일에 간다고 말해 놓고서 금요일이 되어서야 비로소 떠났다」

台风到晚上才停了。
Táifēng dào wǎnshàng cái tíng le.
「태풍은 밤이 되어서야 비로소 멈췄다」

- '어떠한 정황하에서야 ~된다'는 뜻

等到明天才能知道。
Děngdào míngtiān cái néng zhīdào.
「내일까지 기다려 봐야 알 수가 있다」

- 비로소(새로운 상황의 발견)

他说了以後,我才知道的。
Tā shuō le yǐhòu, wǒ cái zhīdào de.
「그가 말한 뒤에야 나는 비로소 알았다」

- 대조

他们有五百个,我们才有五十个。
Tāmen yǒu wǔ bǎi ge, wǒmen cái yǒu wǔ shí ge.
「그들은 500개가 있는데, 우리는 겨우 50개뿐이다」

23 用

【동사】 • 사용하다

他喜欢用钢笔。
Tā xǐhuān yòng gāngbǐ.
「그는 만년필 쓰기를 좋아한다」

- (열심히) 공부하다

用功「공부하다」
yònggōng

- 유용하다(쓸모가 있다)

游泳很有用。
Yóuyǒng hěn yǒuyòng.
「수영은 매우 유용하다」

【전치사】 ~로

他<u>用</u>中国话教书。
Tā yòng Zhōngguóhuà jiāoshū.
「그는 중국어로 가르친다」

25 将

【추측】 ~할 것이다

<u>将</u>有新的建设。「새로운 건설이 있을 것이다」
Jiāng yǒu xīn de jiànshè.

【전치사】 ~을

<u>将</u>伞打开。「우산을 펴다」
Jiāng sǎn dǎ kāi.

26 算

【동사】 계산하다

我不会<u>算</u>。「나는 계산할 줄 모른다」
Wǒ bú huì suàn.

【부사】 ~라 할 수 없다

不<u>算</u>太贵。「매우 비싸다고 할 수 없다」
Bú suàn tài guì.

27 对

【형용사】 옳다

<u>对</u>不<u>对</u>?「맞습니까, 맞지 않습니까?」
Duì bú duì?

你说得很<u>对</u>。
Nǐ shuō de hěn duì.
「당신 말이 옳아요」

【전치사】 ~에게

我已经**对**他说了。
Wǒ yǐjīng duì tā shuō le.
「나는 이미 그에게 이야기했다」

【양사】 쌍으로 된 것을 셈

一**对**夫妇「부부 한 쌍」
yí duì fūfù

27 的

【조사】 • 한정어와 그 중심어를 이어지는 성분으로 수식 관계를 나타냄

幸福**的**生活「행복한 생활」
xìngfú de shēnghuó

吃**的**东西「먹을 것」
chī de dōngxi

我**的**母亲「나의 어머니」
wǒ de mǔqīn

• 중심어의 생략

这本书是我**的**(书)。「이 책은 나의 것이다」
Zhè běn shū shì wǒ de (shū).

• 모종의 사람을 나타낼 때

开飞机**的**「비행기 조종사」
kāi fēijī de

打猎**的**「사냥꾼」
dǎ liè de

• '(是) ~ 的'의 용법 : 술어 부분 동사 뒤 혹은 목적어 뒤에 붙여 '시간·장소·방향' 등을 강조함

我(**是**)在车站买**的**票。
Wǒ (shì) zài chēzhàn mǎi de piào.
「나는 정거장에서 표를 산 것이다」

- 단음절 형용사가 명사를 수식할 때나 중심어가 인칭 혹은 장소일 때에는 '的'를 생략할 수 있음

    好人, 好朋友。
    Hǎo rén, hǎo péngyou.
    「좋은 사람, 좋은 친구」

    我妈妈, 我们学校。
    Wǒ māma, wǒmen xuéxiào.
    「우리 엄마, 우리 학교」

- 그러나 단음절 형용사 앞에 부사가 있을 경우와 2음절 형용사가 명사를 수식할 경우에는 반드시 '的'를 붙여야 함

    很好的人
    hěn hǎo de rén
    「매우 좋은 사람」

    漂亮的花
    piàoiàng de huā
    「아름다운 꽃」

- 단음절 형용사 '多' '少'는 부사를 동반하여도 '的'를 생략할 수 있음

    很多学生
    hěn duō xuésheng
    「대단히 많은 학생」

    不少人
    bù shǎo rén
    「적지 않은 사람」

부록6 儿化韵과 파음자

1 '儿' 화운(儿化韵)

'儿'이 접미사로 붙을 때 변하는 발음 현상을 말한다.

(1) [—a, —o, —e, —u] 로 끝날 때에는 그대로 [r]만 붙인다.

| 那儿 | nà er | → | [nàr] |
| 这儿 | zhè er | → | [zhèr] |

(2) 중첩된 형용사의 두 번째 字는 1성으로 변한다.

| 好好儿地 | hǎo hāo er de | → | [hǎohāor de] |
| 慢慢儿地 | màn màn er de | → | [mànmār de] |

(3) [—n]으로 끝날 경우 [n]이 탈락된다.

| 上面儿 | shàng miàn er | → | [shàng miàr] |

(4) [—ng]으로 끝날 경우 [ng]이 탈락된다.

| 电影儿 | diàn yǐng er | → | [diàn yiěr] |

(5) [—ai, —ei]로 끝날 경우 [i]가 탈락된다.

| 盖儿 | gài er | → | [gàr] |

2 파음자

• 种

	种类	zhǒnglèi	종류
[zhǒng]	种子	zhǒngzi	종자
	花种	huā zhǒng	꽃의 종류
[zhòng]	种树	zhòng shù	나무를 심다
	种花	zhòng huā	꽃을 심다

- 长
  - [zhǎng]
    - 长大　　zhǎngdà　　자라다
    - 班长　　bānzhǎng　　반장
  - [cháng]
    - 长短　　chángduǎn　　길고 짧다
    - 长人　　chángrén　　키다리
    - 太长　　tài cháng　　매우 길다

- 大
  - [dà]
    - 很大　　hěn dà　　매우 크다
    - 大小　　dàxiǎo　　크고 작음
    - 大方　　dàfāng　　세상 사람들
    - 大人　　dàren　　어른
  - [dài]
    - 大夫　　dàifu　　의사

- 便
  - [biàn]
    - 不便　　búbiàn　　불편
    - 便利　　biànlì　　편리하다
    - 顺便　　shùnbiàn　　~하는 김에
    - 随便　　suí biàn　　마음대로 하다
  - [pián]
    - 便宜　　piányi　　값싸다

- 都
  - [dōu]
    - 都吃了　　dōu chī le　　모두 먹었다
  - [dū]
    - 首都　　shǒudū　　수도
    - 都市　　dūshì　　도시

- 的
  - [de]
    - 我的书　　wǒ de shū　　나의 책
  - [dí]
    - 的确　　díquè　　확실히다
  - [dì]
    - 目的　　mùdì　　목적

- 地
  - [de]
    - 渐渐地　jiànjiàn de　점점
    - 很好地　hěn hǎo de　훌륭히
  - [dè]
    - 土地　tǔdì　토지
    - 地面　dìmiàn　지면
    - 下地　xià dì　밭에 나가다

- 少
  - [shǎo]
    - 很少　hěn shǎo　매우 적다
  - [shào]
    - 少年　shàonián　소년
    - 少女　shàonǚ　소녀

- 好
  - [hǎo]
    - 好人　hǎorén　호인
    - 很好　hěn hǎo　매우 좋다
    - 好几个　hǎo jǐ ge　여러 개, 많이
    - 好些　hǎoxiē　많은
  - [hào]
    - 他很好学　Tā hěn hào xué.　그는 학문을 매우 좋아한다

- 得
  - [dē]
    - 喝得多　hē de duō　많이 마신다
  - [dé]
    - 得了病　dé le bìng　병이 악화되었다
  - [dei]
    - 我得学中国话　Wǒ děi xué Zhōngguóhuà　나는 중국어를 배우지 않으면 안된다

- 着
  - [zhe]
    - 他看着报　Tā kàn zhe bào　그는 신문을 보고 있다
  - [zháo]
    - 着急　zháo jí　조급해하다
    - 着凉　zháo liáng　감기 걸리다
  - [zhuó]
    - 着要　zhuóyào　요점을 파악하다
  - [zhāo]
    - 着数　zhāoshù　장기[바둑]의 수

- 吃了
  - [le]　　吃了　　chī le　　　　　먹었다
  　　　　　冷了　　lěng le　　　　춥다
  - [liǎo]　 忘不了　wàng bù liǎo　잊을 수 없다
  　　　　　了解　　liǎojiě　　　　알다, 이해하다
  　　　　　了结　　liǎojié　　　　결말이 나다

- 数
  - [shǔ]　数不清　shǔ bù qīng　 정확히 셀 수 없다
  - [shù]　数学　　shùxué　　　　수학
  　　　　 数字　　shùzì　　　　　숫자

- 没
  - [méi]　没法　　méifǎ　　　　 방법이 없다
  - [mò]　 埋没　　máimò　　　　 매몰

- 觉
  - [jué]　觉得　　jué de　　　　 느끼다
  　　　　 感觉　　gǎnjué　　　　 감각
  - [jiào]　睡觉　　shuìjiào　　　자다

- 行
  - [xíng]　行人　　xíngrén　　　　행인
  　　　　　行动　　xíngdòng　　　 행동
  - [háng]　两行字　liǎng háng zì　두 줄의 글자
  　　　　　银行　　yínháng　　　　은행

- 重
  - [zhòng]　重量　　zhòngliàng　　중량
  　　　　　 重要　　zhòngyào　　　중요
  - [chóng]　重新　　chóngxīn　　　재차, 다시 한 번

- 曾
  - [céng] 曾经 céngjīng 전에 ~했다
  - [zēng] 曾孙 zēngsūn 증손자

- 什(甚)
  - [shén] 什么 shénme 무엇, 무슨
  - [shèn] 甚过 shènguò ~보다 심한

- 倒
  - [dǎo] 孩子倒了 Háizi dǎole 어린아이가 넘어졌다
  - [dào] 倒流 dàoliú 거슬러 흐르다
  - 倒水 dàoshuǐ 물을 쏟다

- 将
  - [jiāng] 将来 jiānglái 장래
  - 将要 ziāngyào 지금 곧 ~하려 하고 있다
  - 将伞打开 jiāng sǎn dǎ kāi 우산을 피다
  - [jiàng] 将士 jiàngshì 장병

- 朝
  - [zhāo] 朝阳 zhāoyáng 아침 햇빛
  - 朝气 zhāoqì 아침 기운
  - [cháo] 朝北 cháo běi 북쪽을 향하다
  - 汉朝 hàncháo 한왕조

- 乐
  - [lè] 快乐 kuàilè 쾌락
  - 乐趣 lèqù 즐거움
  - [yuè] 音乐 yīnyuè 음악
  - 乐器 yuèqì 악기

- 还
  - [hái]　　还没来　　hái méi lái　　아직 안 오다
  - [huán]　　还给　　huángěi　　반환하다

- 弹
  - [tán]　　弹琴　　tán qín　　거문고를 타다
  - 　　　　弹力　　tánlì　　탄력
  - 　　　　弹簧　　tánhuáng　　용수철
  - [dàn]　　弹子　　dànzi　　탄환

- 教
  - [jiāo]　　教书　　jiāo shū　　공부를 가르치다
  - [jiào]　　教室　　jiàoshì　　교실
  - 　　　　教会　　jiàohuì　　교회
  - 　　　　指教　　zhǐjiào　　가르침

- 假
  - [jiǎ]　　假如　　jiǎrú　　예를 들면
  - 　　　　假的　　jiǎde　　거짓
  - [jià]　　放假　　fàngjià　　휴가
  - 　　　　暑假　　shǔjià　　피서
  - 　　　　假期　　jiàqī　　휴가 기간

- 会
  - [huì]　　他会开车　　Tā huì kāi chē　　그는 운전할 수 있다
  - 　　　　开会　　kāi huì　　회의를 열다
  - 　　　　再会　　zàihuì　　다시 만나다
  - [huǐ]　　一会儿　　yíhuìr　　잠깐
  - [kuài]　　会计　　huìjì　　출납을 계산하다

- 和
  - [hé]　　和平　　　　hépíng　　　　　　평화
  - [huō]　　暖和　　　　nuǎnhuo　　　　　따뜻하다

- 难
  - [nán]　　很难　　　　hěn nán　　　　　매우 어렵다
  　　　　　难看　　　　nánkàn　　　　　　볼썽사납다
  - [nàn]　　灾难　　　　zāinàn　　　　　　재난

- 分
  - [fēn]　　几点几分?　　Jǐ diǎn jǐ fēn?　　몇 시 몇 분?
  　　　　　分两个学期　fēn liǎngge xuéqī　두 학기로 나누다
  　　　　　分开　　　　fēn kāi　　　　　　나누어 따로따로 하다
  　　　　　分别　　　　fēnbié　　　　　　헤어지다
  - [fèn]　　分量　　　　fènliang　　　　　무게, 중량
  　　　　　天分　　　　tiānfèn　　　　　　선천적 성질이나 재능

- 为
  - [wéi]　　为人　　　　wéirén　　　　　　위인, 사람 됨됨이
  - [wèi]　　为什么　　　wèishénme　　　　무엇 때문에, 왜
  　　　　　因为　　　　yīnwèi　　　　　　~이기 때문에
  　　　　　为了自由　　wèile zìyóu　　　　자유를 위하여

친족 호칭표

중국어	병음	한국어	중국어	병음	한국어
曾祖父	zēngzǔfù	증조부	哥哥	gēge	형(오빠)
曾祖母	zēngzǔmǔ	증조모	姐姐	jiějie	누나(언니)
祖父 (爷爷)	zǔfù yéye	할아버지	弟弟	dìdi	남동생
			妹妹	mèimei	여동생
祖母 (奶奶)	zǔmǔ nǎinai	할머니	堂哥 堂姐	tánggē tángjiě	사촌 (형제자매)
父亲 (爹) 爸爸	fùqīn diē bàba	아버지	堂弟 堂妹	tángdì tángmèi	
母亲 (娘) (妈妈)	mǔqīn niáng māma	어머니	表哥 表姐 表弟 表妹	biǎogē biǎojiě biǎodì biǎomèi	외종·고종·이종사촌 형제자매
伯父*	bófù	큰아버지	侄子 侄子	zhízi zhínǚ	친조카(남) (여)
伯母*	bómǔ	큰어머니			
叔叔*	shūshu	작은아버지	外甥 外甥女	wàisheng wàishengnǚ	외조카(남) (여)
婶婶	shěnshen	작은어머니	公公	gōnggong	시아버지
姑姑 (姑妈)	gūgu gūma	고모	婆婆	pópo	시어머니
姑丈 (姑夫)	gūzhàng gūfu	고모부	岳父 (丈人)	yuèfù zhàngren	장인

岳母 (丈母娘)	yuèmǔ zhàngmuniáng	장모
舅舅	jiùjiu	외삼촌
舅母	jiùmǔ	외숙모
姨(妈)	yí(mā)	이모
姨丈 (姨夫)	yízhàng yífū	이모부
女婿	nǚxù	사위
媳妇	xífù	며느리
大舅子	dàjiùzi	큰처남
小舅子	xiǎojiùzi	작은처남
大姑子	dàgūzi	큰시누이
小姑子	xiǎogūzi	작은시누이
孙子	sūnzi	손자
孙女	sūnnǚ	손녀
曾孙子	zēngsūnzi	증손자
曾孙女	zēngsūnnǚ	증손녀

＊친구의 부모님도 '伯父, 伯母'라 칭함.
＊아저씨도 '叔叔'라 함.
※( )안의 중국어는 속어(俗語)나 애칭어에 해당됨.

간체자 정리

기초적인 간체자를 번체자와 우리말 음과 함께 한어병음 로마자 순으로 배열하였다. 간체자는 간략화된 한자를 말하고, 번체자는 원래의 한자를 말한다. 여기에서는 (　) 안의 한자가 번체자이다.

A

霭(靄 애) ǎi
嗳(噯 애) ǎi, ài, āi
嫒(嬡 애) ài
爱(愛 애) ài
碍(礙 애) ài
袄(襖 오) ǎo

B

罢(罷 파) bà, ba
摆(擺 파) bǎi
败(敗 패) bài
板(闆 반) bǎn
办(辦 판) bàn
帮(幫 방) bāng
宝(寶 보) bǎo
饱(飽 포) bǎo
报(報 보) bào
贝(貝 패) bèi
辈(輩 배) bèi
备(備 비) bèi
笔(筆 필) bǐ

币(幣 폐) bì
毕(畢 필) bì
闭(閉 폐) bì
毙(斃 폐) bì
鳊(鯿 편) biān
边(邊 변) biān
编(編 편) biān
辫(辮 변) biàn
辩(辯 변) biàn
变(變 변) biàn
标(標 표) biāo
表(錶 표) biǎo
别(彆 별) bié, biè
宾(賓 빈) bīn
饼(餅 병) bǐng
饽(餑 발) bō
拨(撥 발) bō
驳(駁 박) bó
补(補 보) bǔ
卜(蔔 복) bǔ, bo

C

财(財 재) cái
才(纔 재) cái

参(參 참) cān, cēn, shēn
残(殘 잔) cán
蚕(蠶 잠) cán
惭(慚 참) cán
惨(慘 참) cǎn
舱(艙 창) cāng
仓(倉 창) cāng
厕(厠 치) cè, si
侧(側 측) cè, zhāi, zè
测(測 측) cè
恻(惻 측) cè
层(層 층) céng
谗(讒 참) chán
蝉(蟬 선) chán
产(產 산) chǎn
铲(鏟 산) chǎn
颤(顫 전) chàn, zhàn
肠(腸 장) cháng
尝(嘗 상) cháng
长(長 장) cháng, zhǎng
场(場 장) chǎng, cháng
厂(廠 창) chǎng

车(車	거)	chē	辞(辭	사)	cí	档(檔	당)	dàng
尘(塵	진)	chén	词(詞	사)	cí	导(導	도)	dǎo
陈(陳	진)	chén	赐(賜	사)	cì	岛(島	도)	dǎo
衬(襯	친)	chèn	聪(聰	총)	cōng	捣(搗	도)	dǎo
称(稱	칭)	chēng, chèn, chèng	从(從	종)	cóng, cōng	灯(燈	등)	dēng
						邓(鄧	등)	dèng
			丛(叢	총)	cóng	敌(敵	적)	dí
诚(誠	성)	chéng	窜(竄	찬)	cuàn	涤(滌	척)	dí
驰(馳	치)	chí	锉(銼	좌)	cuò	递(遞	체)	dì
迟(遲	지)	chí	错(錯	착)	cuò	点(點	점)	diǎn
齿(齒	치)	chǐ				电(電	전)	diàn
冲(衝	충)	chōng, chòng				调(調	조)	diào, tiáo

D

虫(蟲	충)	chóng				谍(諜	첩)	dié
宠(寵	총)	chǒng	达(達	달)	dá	钉(釘	정)	dīng, dìng
筹(籌	주)	chóu	带(帶	대)	dài			
丑(醜	축)	chǒu	贷(貸	대)	dài	顶(頂	정)	dǐng
出(齣	착)	chū	单(單	단)	dān	订(訂	정)	dìng
础(礎	초)	chǔ	担(擔	담)	dān, dàn, dǎn	东(東	동)	dōng
触(觸	촉)	chù				冬(鼕	동)	dōng
处(處	처)	chù, chǔ	胆(膽	담)	dǎn	动(動	동)	dòng
传(傳	전)	chuán, zhuàn	弹(彈	탄)	dàn, tán	冻(凍	동)	dòng
			当(當	당)	dāng, dàng	斗(鬥	투)	dǒu, dòu
疮(瘡	창)	chuāng						
创(創	창)	chuàng, chuāng	(噹	당)	dāng	独(獨	독)	dú
			挡(擋	당)	dǎng, dàng	读(讀	독)	dú
锤(錘	추)	chuí				笃(篤	독)	dǔ

镀(鍍 도) dù
断(斷 단) duàn
缎(緞 단) duàn
对(對 대) duì
队(隊 대) duì
钝(鈍 둔) dùn
夺(奪 탈) duó
堕(墮 타) duò

E

鹅(鵝 아) é
恶(惡 악) è, wù, ě, wū
饿(餓 아) è
鳄(鱷 악) è
儿(兒 아) ér
尔(爾 이) ěr
饵(餌 이) ěr

F

发(發 발) fā
　(髮 발) fà
罚(罰 벌) fá

烦(煩 번) fán
饭(飯 반) fàn
范(範 범) fàn
贩(販 판) fàn
访(訪 방) fǎng
纺(紡 방) fǎng
飞(飛 비) fēi
诽(誹 비) fěi
费(費 비) fèi
纷(紛 분) fēn
坟(墳 분) fén
奋(奮 분) fèn
粪(糞 분) fèn
愤(憤 분) fèn
丰(豐 풍) fēng
风(風 풍) fēng
疯(瘋 풍) fēng
缝(縫 봉) féng, fèng
冯(馮 빙) féng, píng
讽(諷 풍) fěng
凤(鳳 봉) fèng
辐(輻 복) fú
辅(輔 보) fǔ
负(負 부) fù
妇(婦 부) fù

复(復 복) fù
　(複 복) fù
讣(訃 부) fù

G

该(該 해) gāi
盖(蓋 개) gài, gě
干(乾 간) gān
　(幹 간) gàn
赶(趕 간) gǎn
刚(剛 강) gāng
钢(鋼 강) gāng, gàng
冈(岡 강) gāng
鸽(鴿 합) gē
阁(閣 각) gé
个(個, 箇 개) gè
给(給 급) gěi, jǐ
巩(鞏 공) gǒng
沟(溝 구) gōu
构(構 구) gòu
购(購 구) gòu
谷(穀 곡) gǔ
顾(顧 고) gù
刮(颳 괄) guā

关(關 관)	guān	轰(轟 굉)	hōng	馄(餛 혼)	hún
观(觀 관)	guān, guàn	红(紅 홍)	hóng, gōng	伙(夥 화)	huǒ
馆(館 관)	guǎn	后(後 후)	hòu	货(貨 화)	huò
贯(貫 관)	guàn	壶(壺 호)	hú	获(獲 획)	huò
惯(慣 관)	guàn	胡(鬍 호)	hú	(穫 획)	huò
广(廣 광)	guǎng	护(護 호)	hù	祸(禍 화)	huò
闺(閨 규)	guī	哗(嘩 화)	huá, huā		
龟(龜 귀)	guī, jūn, qiū	华(華 화)	huá, huà, huā	**J**	
归(歸 귀)	guī	画(畫 화)	huà	讥(譏 기)	jī
规(規 규)	guī	话(話 화)	huà	击(擊 격)	jī
轨(軌 궤)	guǐ	划(劃 획)	huà, huá	饥(饑 기)	jī
贵(貴 귀)	guì	坏(壞 괴)	huài	鸡(鷄 계)	jī
柜(櫃 궤)	guì, jǔ	怀(懷 회)	huái	机(機 기)	jī
锅(鍋 과)	guō	欢(歡 환)	huān	积(積 적)	jī
国(國 국)	guó	环(環 환)	huán	绩(績 적)	jī
过(過 과)	guò, guō, guo	还(還 환)	huán, hái	羁(羈 기)	jī
		挥(揮 휘)	huī	辑(輯 집)	jí
		辉(輝 휘)	huī	极(極 극)	jí
		回(迴 회)	huí	几(幾 기)	jǐ
H		贿(賄 회)	huì	计(計 계)	jì
		秽(穢 예)	huì	记(記 기)	jì
汉(漢 한)	hàn	会(會 회)	huì, kuài	纪(紀 기)	jì
颔(頷 함)	hàn	汇(匯 회)	huì	际(際 제)	jì
号(號 호)	hào	(彙 휘)	huì	继(繼 계)	jì
贺(賀 하)	hè	浑(渾 혼)	hún	霁(霽 제)	jì

鲫(鯽 즉) jì
家(傢 가) jiā
夹(夾 협) jiā, jiá, gā
贾(賈 가) jiǎ, gǔ
驾(駕 가) jià
价(價 가) jià, jiè, jie
坚(堅 견) jiān
监(監 감) jiān, jiàn
间(間 간) jiān, jiàn
笕(筧 견) jiǎn
俭(儉 검) jiǎn
简(簡 간) jiǎn
检(檢 검) jiǎn
键(鍵 건) jiàn
见(見 견) jiàn
鉴(鑒 감) jiàn
饯(餞 전) jiàn
剑(劍 검) jiàn
贱(賤 천) jiàn
渐(漸 점) jiàn, jiān
将(將 장) jiāng, jiàng

浆(漿 장) jiāng, jiàng
奖(獎 장) jiǎng
讲(講 강) jiǎng
酱(醬 장) jiàng
娇(嬌 교) jiāo
胶(膠 교) jiāo
骄(驕 교) jiāo
饺(餃 교) jiǎo
轿(轎 교) jiào
较(較 교) jiào
阶(階 계) jiē
洁(潔 결) jié
节(節 절) jié
讦(訐 알) jié
结(結 결) jié, jiē
借(藉 적) jiè
谨(謹 근) jǐn
仅(僅 근) jǐn, jìn
紧(緊 긴) jǐn
锦(錦 금) jǐn
尽(盡 진) jìn
(儘 진) jǐn
进(進 진) jìn
劲(勁 경) jìn, jìng
茎(莖 경) jīng
惊(驚 경) jīng

经(經 경) jīng
鲸(鯨 경) jīng
颈(頸 경) jǐng, gěng
径(徑 경) jìng
竞(競 경) jìng
镜(鏡 경) jìng
纠(糾 규) jiū
鸠(鳩 구) jiū
旧(舊 구) jiù
鹫(鷲 취) jiù
驹(駒 구) jū
举(舉 거) jǔ
剧(劇 극) jù
惧(懼 구) jù
屦(屨 구) jù
锯(鋸 거) jù, jū
据(據 거) jù, jū
绢(絹 견) juàn
绝(絕 절) jué
觉(覺 각) jué, jiào
军(軍 군) jūn

K

开(開 개) kāi

颗(顆 과)	kě		览(覽 람)	lǎn		怜(憐 련)	lián
克(剋 극)	kè		烂(爛 란)	làn		帘(簾 렴)	lián
课(課 과)	kè		捞(撈 로)	lāo		脸(臉 검)	liǎn
恳(懇 간)	kěn		劳(勞 로)	láo		炼(煉 련)	liàn
库(庫 고)	kù		唠(嘮 로)	láo, lào		练(練 련)	liàn
裤(褲 고)	kù		涝(澇 로)	lào		恋(戀 련)	liàn
夸(誇 과)	kuā		乐(樂 락)	lè, yuè		粮(糧 량)	liáng
块(塊 괴)	kuài		垒(壘 루)	lěi		两(兩 량)	liǎng
宽(寬 관)	kuān		累(纍 루)	lěi, lèi, léi		谅(諒 량)	liàng
矿(礦 광)	kuàng					辆(輛 량)	liàng
亏(虧 휴)	kuī		类(類 류)	lèi		辽(遼 료)	liáo
溃(潰 궤)	kuì, huì		离(離 리)	lí		疗(療 료)	liáo
困(睏 곤)	kùn		漓(灕 리)	lí		了(瞭 료)	liǎo, liào, le
阔(闊 활)	kuò		里(裏 리)	lǐ			
			礼(禮 례)	lǐ		邻(鄰 린)	lín
			鲤(鯉 리)	lǐ		临(臨 림)	lín
L			厉(厲 려)	lì		鳞(鱗 린)	lín
			历(歷 력)	lì		赁(賃 임)	lìn
腊(臘 랍)	là, xī		(曆 력)	lì		灵(靈 령)	líng
蜡(蠟 랍)	là, zhà		丽(麗 려)	lì, lí		铃(鈴 령)	líng
来(來 래)	lái		励(勵 려)	lì		龄(齡 령)	líng
籁(籟 뢰)	lài		砾(礫 력)	lì		岭(嶺 령)	lǐng
兰(蘭 란)	lán		俩(倆 량)	liǎ, liǎng		领(領 령)	lǐng
岚(嵐 람)	lán		连(連 련)	lián		刘(劉 류)	liú
栏(欄 란)	lán		涟(漣 련)	lián		龙(龍 룡)	lóng
篮(籃 람)	lán		联(聯 련)	lián		聋(聾 롱)	lóng
蓝(藍 람)	lán, la		莲(蓮 련)	lián		垄(壟 롱)	lǒng

간체자 정리 221

喽(嘍 루) lou, lóu
楼(樓 루) lóu
卢(盧 로) lú
庐(廬 려) lú
炉(爐 로) lú
芦(蘆 로) lú
虏(虜 로) lǔ
鲁(魯 로) lǔ
录(錄 록) lù
赂(賂 뢰) lù
鹭(鷺 로) lù
陆(陸 륙) lù, liù
驴(驢 로) lǘ
虑(慮 려) lǜ
绿(綠 록) lǜ, lù
乱(亂 란) luàn
轮(輪 륜) lún
仑(侖 륜) lún
(崙 륜) lún
论(論 론) lùn, lún
罗(羅 라) luó
萝(蘿 라) luó
骡(騾 라) luó
椤(欏 라) luó
骆(駱 락) luò

M

吗(嗎 마) ma
妈(媽 마) mā
马(馬 마) mǎ
码(碼 마) mǎ
玛(瑪 마) mǎ
骂(罵 매) mà
买(買 매) mǎi
迈(邁 매) mài
麦(麥 맥) mài
卖(賣 매) mài
蛮(蠻 만) mán
鳗(鰻 만) mán
满(滿 만) mǎn
贸(貿 무) mào
么(麽 마) me
霉(黴 매) méi
们(們 문) men
门(門 문) mén
懑(懣 만) mèn
闷(悶 민) mèn, mēn
蒙(濛 몽) méng
(矇 몽) mēng

梦(夢 몽) mèng
祢(禰 니) mí
谜(謎 미) mí
绵(綿 면) mián
面(麵 면) miàn
缈(緲 묘) miǎo
庙(廟 묘) miào
灭(滅 멸) miè
蔑(衊 멸) miè
闽(閩 민) mǐn
悯(憫 민) mǐn
铭(銘 명) míng
鸣(鳴 명) míng
谋(謀 모) móu
亩(畝 무) mǔ

N

纳(納 납) nà
难(難 난) nán, nàn
恼(惱 뇌) nǎo
脑(腦 뇌) nǎo
闹(鬧 뇨) nào
腻(膩 니) nì
酿(釀 양) niàng

鸟(鳥 조) niǎo	苹(蘋 평) píng, pín	墙(牆 장) qiáng
啮(嚙 설) niè	泼(潑 발) pō	抢(搶 창) qiǎng, qiāng
聂(聶 섭) niè	颇(頗 파) pō	乔(喬 교) qiáo
宁(寧 녕) níng, nìng	朴(樸 박) pò, pǔ, pō, piáo	侨(僑 교) qiáo
农(農 농) nóng	仆(僕 부) pū, pú	桥(橋 교) qiáo
脓(膿 농) nóng	扑(撲 박) pū	窃(竊 절) qiè
浓(濃 농) nóng		亲(親 친) qīn, qìng
		寝(寢 침) qǐn
		轻(輕 경) qīng
O	**Q**	请(請 청) qǐng
		顷(頃 경) qǐng
欧(歐 구) ōu	齐(齊 제) qí	庆(慶 경) qìng
殴(毆 구) ōu	骑(騎 기) qí	穷(窮 궁) qióng
鸥(鷗 구) ōu	岂(豈 기) qǐ	区(區 구) qū
呕(嘔 구) ǒu	启(啓 계) qǐ	躯(軀 구) qū
	绮(綺 기) qǐ	驱(驅 구) qū
	讫(訖 글) qì	曲(麯 곡) qū, qǔ
P	气(氣 기) qì	权(權 권) quán
	迁(遷 천) qiān	劝(勸 권) quàn
盘(盤 반) pán	牵(牽 견) qiān	阙(闕 궐) què, quē
庞(龐 방) páng	铅(鉛 견) qiān, yán	
赔(賠 배) péi	签(簽 첨) qiān	
骗(騙 편) piàn	(籤 첨) qiān	**R**
飘(飄 표) piāo	浅(淺 천) qiǎn	
贫(貧 빈) pín	堑(塹 참) qiàn	让(讓 양) ràng
评(評 평) píng	枪(槍 창) qiāng	

扰(擾 요) rǎo	绍(紹 소) shào	寿(壽 수) shòu
热(熱 열) rè	厍(厙 사) shè	兽(獸 수) shòu
认(認 인) rèn	设(設 설) shè	书(書 서) shū
荣(榮 영) róng	舍(捨 사) shè, shě	输(輸 수) shū
软(軟 연) ruǎn	绅(紳 신) shēn	属(屬 속) shǔ, zhǔ
锐(銳 예) ruì	沈(瀋 심) shěn	术(術 술) shù
润(潤 윤) rùn	审(審 심) shěn	树(樹 수) shù
	肾(腎 신) shèn	数(數 수) shù, shǔ, shuò
S	声(聲 성) shēng	
	绳(繩 승) shéng	
洒(灑 새) sǎ	胜(勝 승) shèng, shēng	帅(帥 수) shuài
赛(賽 새) sài		闩(閂 산) shuān
伞(傘 산) sǎn	圣(聖 성) shèng	双(雙 쌍) shuāng
丧(喪 상) sāng, sàng	师(師 사) shī	谁(誰 수) shuí, shéi
	诗(詩 시) shī	
	湿(濕 습) shī	顺(順 순) shùn
骚(騷 소) sāo	时(時 시) shí	说(說 설) shuō
扫(掃 소) sǎo	实(實 실) shí	烁(爍 삭) shuò
涩(澀 삽) sè	蚀(蝕 식) shí	丝(絲 사) sī
杀(殺 살) shā	识(識 식) shí, zhì	饲(飼 사) sì
纱(紗 사) shā	驶(駛 사) shǐ	驷(駟 사) sì
晒(曬 쇄) shài	势(勢 세) shì	松(鬆 송) sōng
闪(閃 섬) shǎn	饰(飾 식) shì	耸(聳 용) sǒng
赡(贍 섬) shàn	试(試 시) shì	薮(藪 수) sǒu
伤(傷 상) shāng	适(適 적) shì	苏(蘇 소) sū
觞(觴 상) shāng	视(視 시) shì	诉(訴 소) sù
烧(燒 소) shāo	轼(軾 식) shì	肃(肅 숙) sù

간체자 정리 225

虽(雖 수)	suī	
随(隨 수)	suí	
岁(歲 세)	suì	
孙(孫 손)	sūn	
损(損 손)	sǔn	
缩(縮 축)	suō	
锁(鎖 쇄)	suǒ	
琐(瑣 쇄)	suǒ	

T

鳎(鰨 탑)	tǎ	
台(臺 태)	tāi, tái	
(颱 태)	tái	
态(態 태)	tài	
贪(貪 탐)	tān	
摊(攤 탄)	tān	
滩(灘 탄)	tān	
坛(壇 단)	tán	
谈(談 담)	tán	
叹(嘆 탄)	tàn	
汤(湯 탕)	tāng	
讨(討 토)	tǎo	
腾(騰 등)	téng	
题(題 제)	tí	
体(體 체)	tǐ, tī	

条(條 조)	tiáo	
贴(貼 첩)	tiē	
铁(鐵 철)	tiě	
厅(廳 청)	tīng	
听(聽 청)	tīng	
铜(銅 동)	tóng	
统(統 통)	tǒng	
头(頭 두)	tóu	
图(圖 도)	tú	
团(團 단)	tuán	
驼(駝 타)	tuó	

W

弯(彎 만)	wān	
湾(灣 만)	wān	
顽(頑 완)	wán	
万(萬 만)	wàn	
网(網 망)	wǎng	
韦(韋 위)	wéi	
违(違 위)	wéi	
围(圍 위)	wéi	
维(維 유)	wéi	
为(爲 위)	wéi, wèi	
伟(偉 위)	wěi	
伪(僞 위)	wěi	

卫(衛 위)	wèi	
谓(謂 위)	wèi	
闻(聞 문)	wén	
稳(穩 온)	wěn	
问(問 문)	wèn	
莴(萵 와)	wō	
窝(窩 와)	wō	
蜗(蝸 와)	wō	
乌(烏 오)	wū	
呜(嗚 오)	wū	
无(無 무)	wú	
鹉(鵡 무)	wǔ	
雾(霧 무)	wù	
误(誤 오)	wù	
务(務 무)	wù	

X

牺(犧 희)	xī	
锡(錫 석)	xī	
习(習 습)	xí	
袭(襲 습)	xí	
戏(戲 희)	xì	
细(細 세)	xì	
系(係 계)	xì, jì	
虾(蝦 하)	xiā	

侠	(俠 협)	xiá	写	(寫 사)	xiě				
峡	(峽 협)	xiá	泻	(瀉 사)	xiè			**Y**	
狭	(狹 협)	xiá	谢	(謝 사)	xiè				
吓	(嚇 하)	xià, hè	兴	(興 흥)	xīng, xìng	鸦	(鴉 아)	yā	
鲜	(鮮 선)	xiān, xiǎn	绣	(繡 수)	xiù	鸭	(鴨 압)	yā	
闲	(閑 한)	xián	锈	(鏽 수)	xiù	压	(壓 압)	yā, yà	
贤	(賢 현)	xián	吁	(籲 우)	xū, yù	哑	(啞 아)	yǎ, yā	
显	(顯 현)	xiǎn	须	(須 수)	xū	亚	(亞 아)	yà	
险	(險 험)	xiǎn		(鬚 수)	xū	轧	(軋 알)	yà, zhá, gá	
现	(現 현)	xiàn	许	(許 허)	xǔ	严	(嚴 엄)	yán	
县	(縣 현)	xiàn	绪	(緒 서)	xù	盐	(鹽 염)	yán	
献	(獻 헌)	xiàn	续	(續 속)	xù	颜	(顔 안)	yán	
乡	(鄉 향)	xiāng	选	(選 선)	xuǎn	赝	(贗 안)	yàn	
详	(詳 상)	xiáng	癣	(癬 선)	xuǎn	厌	(厭 염)	yàn	
响	(響 향)	xiǎng	悬	(懸 현)	xuán	砚	(硯 연)	yàn	
饷	(餉 향)	xiǎng	旋	(鏇 선)	xuán, xuàn	艳	(艷 염)	yàn	
向	(嚮 향)	xiàng				验	(驗 험)	yàn	
项	(項 항)	xiàng	学	(學 학)	xué	谚	(諺 언)	yàn	
象	(像 상)	xiàng	驯	(馴 순)	xún	滟	(灔 염)	yàn	
萧	(蕭 소)	xiāo	询	(詢 순)	xún	鸯	(鴦 앙)	yāng	
销	(銷 소)	xiāo	寻	(尋 심)	xún, xín	扬	(揚 양)	yáng	
晓	(曉 효)	xiǎo				杨	(楊 양)	yáng	
啸	(嘯 소)	xiào	训	(訓 훈)	xùn	阳	(陽 양)	yáng	
协	(協 협)	xié	逊	(遜 손)	xùn	养	(養 양)	yǎng	
胁	(脅 협)	xié	讯	(訊 신)	xùn	痒	(癢 양)	yǎng	
挟	(挾 협)	xié, jiā							

간체자 정리 227

样(樣 양) yàng	应(應 응) yīng, yìng	誉(譽 예) yù
尧(堯 요) yáo		鸳(鴛 원) yuān
谣(謠 요) yáo	缨(纓 영) yīng	园(園 원) yuán
药(藥 약) yào	樱(櫻 앵) yīng	圆(圓 원) yuán
钥(鑰 약) yào, yuè	鹰(鷹 응) yīng	员(員 원) yuán, yún, yùn
爷(爺 야) yé	萤(螢 형) yíng	
业(業 업) yè	营(營 영) yíng	远(遠 원) yuǎn
叶(葉 엽) yè	蝇(蠅 승) yíng	愿(願 원) yuàn
页(頁 혈) yè	赢(贏 영) yíng	约(約 약) yuē
谒(謁 알) yè	颖(穎 영) yǐng	阅(閱 열) yuè
医(醫 의) yī	哟(喲 약) yō, yo	云(雲 운) yún
仪(儀 의) yí	踊(踴 용) yǒng	运(運 운) yùn
饴(飴 이) yí	优(優 우) yōu	晕(暈 운) yùn, yūn
遗(遺 유) yí	忧(憂 우) yōu	
颐(頤 이) yí	邮(郵 우) yóu	
诣(詣 예) yì	余(餘 여) yú	**Z**
议(議 의) yì	鱼(魚 어) yú	
亿(億 억) yì	渔(漁 어) yú	杂(雜 잡) zá
谊(誼 의) yì	与(與 여) yú, yǔ, yù	载(載 재) zài, zǎi
义(義 의) yì		暂(暫 잠) zàn
艺(藝 예) yì	屿(嶼 서) yǔ	錾(鏨 참) zàn
忆(憶 억) yì	语(語 어) yǔ	赞(贊 찬) zàn
译(譯 역) yì	狱(獄 옥) yù	赃(贓 장) zāng
阴(陰 음) yīn	驭(馭 어) yù	脏(臟, 髒 장) zàng, zāng
荫(蔭 음) yīn, yìn	郁(鬱 욱) yù	
银(銀 은) yín	预(預 예) yù	
饮(飲 음) yǐn, yìn	御(禦 어) yù	枣(棗 조) zǎo

则(則	칙)	zé	证(證	증)	zhèng	专(專	전)	zhuān
责(責	책)	zé	郑(鄭	정)	zhèng	砖(磚	전)	zhuān
泽(澤	택)	zé	织(織	직)	zhī	啭(囀	전)	zhuàn
贼(賊	적)	zéi	只(隻	척)	zhī	馔(饌	찬)	zhuàn
赠(贈	증)	zèng	(衹	지)	zhǐ	庄(莊	장)	zhuāng
债(債	채)	zhài	执(執	집)	zhí	妆(妝	장)	zhuāng
谵(譫	섬)	zhān	职(職	직)	zhí	装(裝	장)	zhuāng
斩(斬	참)	zhǎn	纸(紙	지)	zhǐ	壮(壯	장)	zhuàng
盏(盞	잔)	zhǎn	制(製	제)	zhì	状(狀	장)	zhuàng
战(戰	전)	zhàn	质(質	질)	zhì	锥(錐	추)	zhuī
张(張	장)	zhāng	挚(摯	지)	zhì	准(準	준)	zhǔn
涨(漲	창)	zhǎng, zhàng	致(緻	치)	zhì	浊(濁	탁)	zhuó
			终(終	종)	zhōng	资(資	자)	zī
帐(帳	장)	zhàng	钟(鐘	종)	zhōng	总(總	총)	zǒng
胀(脹	창)	zhàng	(鍾	종)	zhōng	镞(鏃	족)	zú
赵(趙	조)	zhào	种(種	종)	zhǒng, zhòng, chóng	组(組	조)	zǔ
辄(輒	첩)	zhé						
蛰(蟄	칩)	zhé						
折(摺	절)	zhé, shé, zhē	众(眾	중)	zhòng			
这(這	저)	zhè	昼(晝	주)	zhòu			
			皱(皺	추)	zhòu			
贞(貞	정)	zhēn	骤(驟	취)	zhòu			
针(針	침)	zhēn	朱(硃	주)	zhū			
侦(偵	정)	zhēn	诸(諸	제)	zhū			
诊(診	진)	zhěn	烛(燭	촉)	zhú			
阵(陣	진)	zhèn	驻(駐	주)	zhù			
征(徵	징)	zhēng	筑(築	축)	zhù, zhú			

본문 단어 정리

본문단어정리

여기에는
본문 실제편에 수록된 어휘가
한어병음 '로마자 순서에 의해
배열되어 있다.
오른쪽의 숫자는
본문 페이지를 나타내며,
둘 이상의 숫자는
의미나 용법이 다른 경우이다.

a

ā duì le	啊对了	아, 그렇지!	155
ǎi	矮	(키가) 작다, 얕다	66
ài	爱	~하기를 좋아하다	71
ānwèi	安慰	위로(하다)	146

b

ba	吧	~지요?(의문), ~해라, ~하자	88
bā	八	8	101
bāshí	八十	80	101
bǎ	把	의자·우산 등의 양사	114
bàba	爸爸	아빠	96
bān	搬	옮기다	139
bàn	办	(일을) 처리하다	94
bàn	半	30분, 2분의 1	110
bàngōng	办公	사무를 보다	77
bàngqiú	棒球	야구	150
bāo	包	갑(양사)	126
bào	报	신문	44
bèi	被	(~에게) 당하다, ~되다	95
běn	本	책 등의 양사	114
běnyuè	本月	이번달	105
bǐ	比	~보다(비교)	83
bǐ	笔	펜	112

bǐjiào	比较	비교적	85
bìshǔ	避暑	피서	152
biāozhǔn	标准	표준	123
biàn	边	횟수의 양사	115
bié(de)rén	别(的)人	다른 사람	120
bié~le	别~了	이젠 ~하지 마라	56
bìng	病	병	61
bìngqiě	并且	더욱이, 게다가, 더군다나	129
bōlibēi	玻璃杯	유리컵	156
bù	不	~이 아니다, ~하지 않다	47
búdàn~érqiě…	不但~而且…	~뿐만 아니라 또한 …	120
bú kèqi	不客气	별말씀, 사양하지 마십시오	113
bú shì~jiù shì…	不是~就是	~아니면 …이다	122
bú shì~le	不是~了	이젠 ~이 아니다	56
bú shì~shì…	不是~是…	~이 아니라 …이다	119
bú tài	不太	그다지 ~ 않다	66
bǔxíbān	补习班	학원	85
bù~le	不~了	이젠 ~ 않는다	56
bùzhǎng	部长	부장	94

C

cái	才	비로소	135
cài	菜	음식, 요리, 반찬	89
chá	茶	차	63
chà wǔ fēn wǔ diǎn	差五分五点	5분 전 5시	109
chángcháng	常常	늘	123

chē	车	차(자동차·자전거 등)	115
chēpiào	车票	승차권	53
chǐ	尺	척	109
chī	吃	먹다	43
chōu	抽	피우다, 빨아내다	43
chōuyān	抽烟	담배 피우다	126
chū	出	나가다	138
chūchāi	出差	출장	81
chūfā	出发	출발	152
chúfáng	厨房	부엌	89
chūlái	出来	나오다	139
chúle~yǐwài	除了~以外	~을 제외하고	120
chūqù	出去	나가다	139
chuán	船	배	114
chuáng	床	침대	90
chūntiān	春天	봄	35
cì	次	~번(횟수의 양사)	113
cóng	从	~(으로)부터	75
cóng~kāishǐ	从~开始	~부터(시작)	121
cùn	寸	치	109

d

dǎ	打	(전화를) 걸다, 때리다	44, 60
dǎ diànhuà	打电话	전화를 걸다	141
dǎ kāi	打开	켜다, 열다	154
dà	大	크다, 연상이다	67, 85

dàhòunián	大後年	내내후년	104
dàhòutiān	大後天	글피	106
dàjiā	大家	모두(들)	27
dàmén	大门	대문	141
dàqiánnián	大前年	재재작년	104
dàqiántiān	大前天	그끄저께	106
dài	带	지니다	157
dānxīn	担心	걱정하다	146
dǎoyóu	导游	가이드, 안내원	61
dào	到	도착하다, ~에(도착점)	57, 132
dào~qù	到~去	~에 가다	117
de	得	정도를 나타내는 조사	125, 143
de	的	~의(것)	56
de shíhòu	的时候	~일 때, ~할 때	92
děng	等	복수를 나타내는 말	105
dǐdá	抵达	도착	152
dìdi	弟弟	동생	146
dìèrgexīngqī	第二个星期	두번째 주	108
dìèrgeyuè	第二个月	두번째 달	105
dìèrnián	第二年	다음해	104
dìèrtiān	第二天	다음날	106
diǎn	点	시	109
diànhuà	电话	전화	44
diànshì	电视	텔레비전	45
diànyǐng	电影	영화	85
diào yú	钓鱼	고기를 낚다, 낚시하다	157
dǐng	顶	모자 등의 양사	115

dòngshēn	动身	몸을 움직이다, 출발하다	132
dǒngshìzhǎng	董事长	한국의 회장격	27
dōngtiān	冬天	겨울	35
dōngxi	东西	물건	43
dōu	都	모두, 다	67
dòuzi	豆子	콩	115
dú	读	읽다	150
dǔbó	赌博	도박	121
dùzi	肚子	배	97
duì	对	~을 위하여, ~에 대하여	157
duìbùqǐ	对不起	미안합니다	81
duō	多	많다	36
duōshǎo	多少	얼마, 몇	99
duǒ	朵	꽃 등의 양사	114

e

è	饿	배고프다, 굶주리다	97
èr	二	2	101
èrshí	二十	20	101
èrshínián qián	二十年前	20년 전	104
èrshíèr	二十二	22	101
èrshíyī	二十一	21	101
èryuè	二月	다다음달	105

f

fāxiàn	发现	발견하다, 나타나다	97

fāyīn	发音	발음	123
fàn	饭	밥	43
fànguǎn	饭馆	음식점	135
fàng	放	놓아[풀어] 주다	157
fàngqì	放弃	포기하다	95
fàngxīn	放心	염려 놓다	132
fēi~bùkě	非~不可	~하지 않으면 안된다	122
fēicháng	非常	대단히	66
fēijī	飞机	비행기	115
fēn	分	분	109
fēnshǒu	分手	헤어지다	135
fēn(zhōng)	分(钟)	분	100
fèn	份	신문 등의 양사	115
fēng	封	편지 등의 양사	114
fēngshèng	丰盛	풍성하다	157
fú	幅	그림 등의 양사	114
fùjìn	附近	부근	135

g

gàn shénme	干什么	무엇을 하느냐?	77
gāo	高	(키가) 크다, 높다	47
gāoxìng	高兴	기쁘다	128
gàobié	告别	작별을 고하다	135
gèwèi	各位	여러분	27
gēxīng	歌星	가수(star)	120
gèzi	个子	키	86

gěi	给	~에게 …해 주다	76
gēn~yíyàng	跟~一样	~와 같다	84
gōngchǐ	公尺	m	109
gōngfēn	公分	cm	109
gōngjīn	公斤	kg	109
gōnglǐ	公里	km	109
gōngshēng	公升	l	109
gōngsī	公司	회사	32
gōngyuán	公园	공원	97
gōngzuò	工作	일하다	75
guì	贵	비싸다, 귀하다	68
guòlái	过来	(이동해) 건너오다	140
guòqù	过去	(이동해) 건너가다	140

h

hái	还	아직	155
hǎibiān	海边	해변	152
Hánguórén	韩国人	한국인	31
Hànjiāng	汉江	한강	86
háomǐ	毫米	mm	109
hǎo	好	좋다, 안녕하다, (병이) 낫다	37,61,133
hǎoxiàng~sìde…	好像~似的	마치 ~ 같다	121
hào	号	날, 일(日)	107
hē	喝	마시다	43
hé	和	~와	117
hěn	很	매우	66

hòu	後	뒤, 후	152
hòunián	後年	내후년	104
hòutiān	後天	모레	106
huā	花	꽃	114
huá chuán	划船	배를 젓다, 보트 놀이를 하다	152
huà	画	그림	114
huài	坏	고장나다(나쁘다)	61
huí	回	횟수의 양사, 돌아가다	115, 140
huílái	回来	돌아오다	138
huíqù	回去	돌아가다	139
huì	会	~할 줄 안다	70

j

jīpiào	机票	비행기표	76
jí	急	급하다	154
jǐ	几	몇	99
jǐ tiān	几天	며칠	86
jìzhù	记住	꼭 기억해 두다	134
jiā	家	집	80
jià	架	비행기 등의 양사	115
jiàqī	假期	쉬는 기간, 휴가	149
jiān	间	방 등의 양사	115
jiàn	件	옷·일 등의 양사	114
jiàn	见	보다, 만나다	131
jiànkāng	健康	건강	48
jiàn miàn	见面	만나다	141

jiāo	交	사귀다	129
jiào	叫	~하게 하다, 시키다	94
jiēchù	接触	접촉하다	129
jiéguǒ	结果	결국, 결과	97
jiějie	姐姐	누나, 언니	117
jiějué	解决	해결	121
jiè	借	빌리다	58
jīn	斤	근	109
Jīn	金	김(성씨)	129
jīnnián	今年	금년	104
jīntiān	今天	오늘	51
Jīn xiānsheng	金先生	김 선생	66
jìn	进	들어가다, 나아가다	140
jìnlái	进来	들어오다	139
jìnqù	进去	들어가다	139
jǐng	井	우물	115
jiǔ	九	9	101
jiǔ	久	오래다, 시간이 길다	135
jiǔ	酒	술	43
jiǔliàng	酒量	주량	125
jiǔshí	九十	90	101
jiù	就	곧, 바로	86
jiù shì~yě…	就是~也	~일지라도, ~라 해도	121

kāfēi	咖啡	커피	71

kāi chē	开车	운전하다, 차를 몰다	152
kāishǐ	开始	개시하다	76
kàn	看	보다	39
kàn jian	看见	보다, 보이다	131
kǎo	考	시험(치다)	146
kǎo dàxué	考大学	대입시험을 치다	146
kē	棵	나무 등의 양사	115
kē	颗	별·콩 등의 양사	115
kěnéng	可能	가능, 아마도 ~할 것이다	144
kètīng	客厅	응접실	140
kou	口	우물 등의 양사	115
kuài	块	돌·돈 등의 양사	112
kuài	快	빨리	138
kuài~le	快~了	곧 ~이 되다	56
kuān	宽	넓이, 폭	86

l

lái	来	오다	47
lǎo	老	늙다	66
lǎoshī	老师	선생님(가르치는)	27
le	了	벌써~해 버렸다,~이 되다	55, 56
lèi	累	힘들다, 피곤하다	67
lěng	冷	춥다, 차다	35
lǐbài	礼拜	요일, 주(일)	99
lǐtáng	礼堂	강당	138
Lǐ xiānsheng	李先生	이 선생	92

lìyòng	利用	이용하다	152
lián~yě	连~也	~조차도	120
liánxùjù	连续剧	연속극	154
liángkuai	凉快	시원하다, 선선하다	35
liǎng	两	2, 두 개	102
liǎng ge xīngqī	两个星期	2주	108
liǎng ge yuè	两个月	두 달	105
liǎng nián	两年	2년	104
liǎng tiān	两天	이틀	106
liàng	辆	자동차 등의 양사	115
liáo(liao)	聊(聊)	이야기를 나누다	135
líng	零	0	101
liù	六	6	101
liú	流	흐르다	40
liúlì	流利	유창하다	129
liúxuéshēng	留学生	유학생	31
liùshí	六十	60	100
lùshàng	路上	길에서	135
lùyīnjī	录音机	녹음기	97
lǚxíng	旅行	여행	96

m

mǎ	马	말	115
ma	吗	~입니까(의문 조사)	55
mǎi	买	사다	43
māma	妈妈	어머니	80
máng	忙	바쁘다	81

màozi	帽子	모자	115
méi	没	~하지 않았다, 없다	51
Měiguó	美国	미국	122
mèimei	妹妹	누이동생	97
měitiān	每天	매일	86
méiyǒu	没有	아니오, 없다	95
mǐ	米	m	109
miànbāo	面包	빵	155
miǎo	秒	초	109
míngnián	明年	내년	104
míngshèng	名胜	명승	152
míngtiān	明天	내일	106
mùdìdì	目的地	목적지	152

n

ná	拿	(손에) 들다, 가지다	95
nà	那	저, 그	27
nǎ	哪	어느	28
nàr	那儿	저곳, 그곳	28
nǎr	哪儿	어디, 어느 곳	28
nà ge	那个	저것, 그것	27
nǎ ge	哪个	어느 것	28
nàli	那里	저곳, 그곳	28
nǎli	哪里	어느 곳	28
nàme	那么	그럼, 그렇게	81
nán	难	어렵다	72

nánguò	难过	슬프다, 마음 아프다	96
nà wèi	那位	저분, 그분	28
nǎ wèi	哪位	어느 분	28
nàxiē	那些	저것들, 그것들	27
nǎxiē	哪些	어느 것들	28
ne	呢	~는요?(의문), 상황의 단정	89
néng	能	~할 수 있다, ~할 것이다	70, 144
nǐ	你	너, 당신	26
nián	年	년, 해	99
niàn	念	읽다	40
nǐmen	你们	너희들, 당신들	26
nín	您	你의 존칭	26
niú	牛	소	114
niúnǎi	牛奶	우유	155
nòng	弄	못쓰게 하다, 부수다	97
nuǎnhuo	暖和	따뜻하다	35
nǔlì	努力	노력(열심히)	146

p

páiduì	排队	줄을 서다	141
pàng	胖	뚱뚱하다	51
pǎo	跑	뛰다, 달아나다	56
péngyou	朋友	친구	86
pī	匹	말 등의 양사	115
piàn	骗	속이다	95

piányi	便宜	싸다	68
piàoliang	漂亮	아름답다	66
píngguǒ	苹果	사과	156
píxié	皮鞋	구두	56
pò	破	깨지다, 부수다	68

q

qī	七	7	99
qīshí	七十	70	101
qí	骑	타다(자전거·말 등)	92
qǐlái	起来	일어나다	139
qìchē	汽车	자동차	79
qián	钱	돈, 화폐	53
qián	前	전, 앞	105
qiánnián	前年	재작년	104
qiántiān	前天	그저께	106
qǐng	请	청하다	137
qiūtiān	秋天	가을	35
qù	去	가다	39
qùnián	去年	작년	104
quánjiārén	全家人	집안 식구 모두	152

r

ràng	让	~하게 하다, 양해하다	96

rè	热	덥다, 뜨겁다	35
Rìběn	日本	일본	75
Rìběnrén	日本人	일본인	47

S

sān	三	3	101
sānbǎi	三百	300	86
sānbǎi liùshíwǔ	三百六十五	365	99
sānkè	三刻	45분	110
sānshí	三十	30	100
sānshíwǔ hào	三十五号	35번	106
sǎn	伞	우산	92
sǎo	扫	쓸다	116
shāfā	沙发	소파	115
shàng	上	~에(방향)	90
shàngbān	上班	출근하다	51
shàngge xīngqī	上个星期	지난주	108
shàngge yuè	上个月	지난달	105
shànglái	上来	올라오다	139
shàngqù	上去	올라가다	139
shàngshàngge xīngqī	上上个星期	지지난주	108
shàngshàngge yuè	上上个月	지지난달	105
shǎo	少	적다	36
shéi	谁	누구	26
shénme	什么	무엇, 무슨	37
shēngbìng	生病	병이 나다	64

shēngqì	生气	화내다	91
shēngyi	生意	장사, 비즈니스	74
shēngyīn	声音	소리, 목소리	133
shī	诗	시	114
shí	十	10	101
shíjiān	时间	시간	81
shínián qián	十年前	10년 전	104
shíwǔnián hòu	十五年後	15년 후	104
shíyī	十一	11	101
shíyuè èr hào(rì)	十月二号(日)	10월 2일	106
shǐ	使	~하게 하다, 사용하다	96
shì	是	~이다	31
shì	事	일, 사건, 사항	96
shìchǎng	市场	시장	117
shìqíng	事情	일	94
shǒu	手	손	145
shǒu	首	노래·시 등의 양사	114
shòu	瘦	마르다	66
shū	书	책	51
shù	树	나무	115
shuāng	双	신발·양말 등의 양사	115
shuǐ	水	물	40
shuì	睡	자다	116
shuìjiào	睡觉	잠을 자다	74
shuō	说	말하다	70
sǐ	死	죽다	121
sì	四	4	101

sìshēng	四声	사성	123
sìshí	四十	40	101
suīrán~dànshì…	虽然~但是…	비록 ~ 그러나 …	119
suǒ	所	학교·집 등의 양사	114

t

tā	他	그	26
tā	她	그녀	26
tāmen	她们	그녀들	26
tāmen	他们	그들	26
tài	太	너무	67
tàijíquán	太极拳	태극권	92
tàitai	太太	기혼 여성의 통칭	27
tǎng	躺	눕다	90
tàng	趟	횟수의 양사	115
tào	套	세트의 양사	115
tiān	天	날, 일	99
tiānqì	天气	날씨	55
tiáo	条	길·뱀·강 등의 양사	115
tīng	听	듣다	39
tīnghuà	听话	말을 듣다	97
tóu	头	소 등의 양사	115
túshūguǎn	图书馆	도서관	58

W

wán	完	동작의 완료	133
wán	玩	놀다, 놀이를 하다	97
wǎncān	晚餐	만찬	157
wǎnfàn	晚饭	저녁밥	135
wǎnshàng	晚上	밤	135
wàng	忘	잊다	120
Wáng xiānsheng	王先生	왕 선생	77
wèi	位	사람, 분의 뜻	114
wèishénme	为什么	무엇 때문에, 왜	49
wénjiàn	文件	서류	37
wèn	问	묻다	84
wèntí	问题	문제	132
wǒ	我	나	26
wǒmen	我们	우리	26
wòshì	卧室	침실	115
wǔ	五	5	101
wǔnián hòu	五年後	5년 후	104
wǔshí	五十	50	101
wúliáo	无聊	무료하다, 심심하다	141

X

xīwàng	希望	바라다, 희망하다	133
xǐhuan	喜欢	~하기를 좋아하다	70

xǐ yīfu	洗衣服	빨래하다	88
xià	下	횟수의 양사	115
xiàge xīngqī	下个星期	다음주	108
xiàge yuè	下个月	다음달	105
xiàlái	下来	내려오다	139
xiàqù	下去	내려가다	139
xiàtiān	夏天	여름	35
xiàxiàge xīngqī	下下个星期	다다음주	108
xiàxiàge yuè	下下个月	다다음달	105
xiàyǔ	下雨	비가 내리다(오다)	51
xiān	先	먼저, 우선	132
xiānsheng	先生	성인 남성의 통칭	27
xiànzài	现在	지금	81
xiāngxìn	相信	믿다	144
xiāngyān	香烟	담배	114
xiǎng	想	~할 생각이다	70
xiǎoháizi	小孩子	어린아이	57
xiǎojiě	小姐	미혼 여성의 통칭	27
xiǎoshí	小时	시간(시간을 셀 때)	100
xiǎotōu	小偷	도둑	56
xié	鞋	신발	115
xiě	写	(글씨를) 쓰다	39
xièxie	谢谢	고맙습니다, 감사합니다	113
xīn	新	새롭다	56
xīnde	新的	새것	56
xīnkǔ	辛苦	고생하다	150
xìn	信	믿다, 편지	84, 114

xīngqī	星期	요일, 주(일)	99
xīngqīèr	星期二	화요일	107
xīngqīliù	星期六	토요일	107
xīngqīsān	星期三	수요일	107
xīngqīsì	星期四	목요일	107
xīngqītiān(rì)	星期天(日)	일요일	107
xīngqīwǔ	星期五	금요일	107
xīngqīyī	星期一	월요일	107
xíngdòng	行动	행동	121
xiūxi	休息	쉬다	150
xǔduō	许多	많은, 많다	129
xué	学	배우다	60
xuéxiào	学校	학교	31

y

yān	烟	담배, 연기	43
yào	要	～하려고 한다	71
yě	也	～도	67
yī	一	1	101
yīfu	衣服	옷	56
yídìng	一定	반드시, 꼭	121
yíge	一个	하나, 어떤	99
yígòng	一共	모두(합계)	117
yíhuìr	一会儿	잠시(시간)	116
yī jiǔ bā bā nián	一九八八年	1988년	105
yī jiǔ jiǔ jiǔ nián	一九九九年	1999년	104

yí~jiù…	一~就…	~하자마자 곧 …	121
yíkè	一刻	15분	110
yímiàn	一面	한쪽, 일방	92
yíwàn	一万	10000	101
yíyàng	一样	그럼, 그렇게	84
yíyì	一亿	일억	101
yízhào	一兆	일조	101
yǐhòu	以後	이후, 앞으로	138
yǐjīng	已经	이미	85
yǐzi	椅子	의자	90
yìnián bǐ yìnián	一年比一年	해를 거듭할수록	86
yìbǎi	一百	100	101
yìbiān	一边	일면, 한쪽	92
yìdiǎn(r)	一点(儿)	조금(물질)	72
yìqǐ	一起	같이[一同 ; 一块儿]	96
yìqiān	一千	1000	101
yìqiānwàn	一千万	천만	101
yìtiān	一天	낮 동안, 하루종일, 어느 날	97
yìtiān bǐ yìtiān	一天比一天	나날이	86
yìxiē	一些	약간(부정량)	116
yìzhěngtiān	一整天	온종일, 하루종일	157
yīncǐ	因此	그래서, 그러므로	117
yīnwèi~suǒyǐ…	因为~所以…	~ 때문에 그래서 …	119
yīnyuè	音乐	음악	52
yīnglǐ	英里	mile	109
yǐngxīng	影星	영화배우(star)	120
yòng	用	쓰다, 사용하다	113

yònggōng	用功	열심히 공부하다	146
yóulǎn	游览	유람	152
yǒu	有	있다, 존재하다	53, 79
yǒuyìsi	有意思	재미있다	120
yóuyǒng	游泳	수영하다	152
yòu	又	또	117
yòu~yòu…	又~又…	~이기도 하고 …이기도 하다	119
yú	鱼	물고기	115
yuēhǎo	约好	약속해 놓다	141
yuè~yuè…	越~越…	~일수록[할수록] …하다	120
yuè	月	월, 달	100
yù jiàn	遇见	우연히 만나다	135
yúkuài	愉快	유쾌하다	67
yùnqì	运气	운	157

Z

zázhì	杂志	잡지	55
zài	在	~에 있다, ~에서 …하다	74
zāng	脏	더럽다	56
zěnme	怎么	어째서, 이렇게	154
zěnme huíshì	怎么回事	어찌 된 일이냐?	95
zhàn qǐ lái	站起来	일어서다	137
zhāng	张	종이·책 등의 양사	114
Zhāng xiānsheng	张先生	장 선생	81
zháo	着	목적 달성이니 획득을 뜻함	134
zhǎo	找	찾다	132

병음	한자	뜻	쪽
zhàoxiàngjī	照相机	사진기	80
zhe	着	지속을 의미하는 조사	89
zhè	这	이	27
zhège xīngqī	这个星期	이번주	108
zhège yuè	这个月	이번달	105
zhè ge	这个	이것	27
zhèli	这里	이곳	28
zhème	这么	이렇게	154
zhèr	这里	이곳	28
zhè wèi	这位	이분	28
zhèxiē	这些	이것들	27
zhēn	真	정말	66
zhēnde	真的	정말로, 참말로	84
zhī	枝	자루(가늘고 긴 물건의 양사)	112
zhī	只	배·개·쥐 등의 양사	115
zhī	之	~의(수식 관계)	152
zhīdào	知道	알다	131
zhídào	直到	~에 이르러	135
zhǐ	纸	종이	114
zhǐyào~jiù…	只要~就…	단지 ~만 하면 …	121
Zhōngguóhuà	中国话	중국어	60
Zhōngguórén	中国人	중국인	31
zhù	住	살다, 묵다, 결과보어	131, 134
zhuā	抓	잡다	145
zhuāzhù	抓住	단단히 붙잡다, 체포하다	131
zhuāngshìpǐn	装饰品	장식품	117
zhuī	追	추적하다, 쫓다	95

zhǔnbèi	准备	준비	132
zìxíngchē	自行车	자전거	92
zǒngjīnglǐ	总经理	한국의 사장격	27
zǒu	走	가다, 걷다	91
zuò	作	하다	132
zuò	做	하다	74
zuò	坐	앉다	90
zuòchéng	做成	~로 만들다	157
zuòshénme	做什么	무엇을 하느냐?	77
zuò shēngyi	做生意	장사하다	129
zuótiān	昨天	어제	51
zuòxia	坐下	앉다, 걸터앉다	137

■ 저자 약력 ■
서명제

- 본적 중국 상해
- 대만 동오대 전산과 졸업
- 연세대학교 중어중문학과 석사
- 현 KBS국제방송국 중국어 방송작가
  한국 영상 번역작가 협회 부회장
  한국 영상 번역작가 연수원 교수
  한성화교 초등학교 부이사장

■ 저서 ■
- 혼자배우는 중국어회화
- 정진 중국어교본〈초급〉

개정신판
혼자배우는 중국어

저 자 / 서 명 제
발행인 / 박 해 성
발행처 / 정진출판사

중판 발행 / 2007년 9월 15일

주 소 / 서울시 성북구 하월곡동 10-6호
☎ 02)917-9900(代) FAX. 02)917-9907
등록일 / 1989. 12. 20. 등록번호 6-95
Homepage www.jeongjinpub.co.kr
ISBN 89-85375-62-8

- 허가없이 무단으로 표절하거나 전재함을 엄금합니다.
  - 카세트 테이프 별매

정가 7,000원